Heinrich Bauregger

DIE SCHÖNSTEN WANDERUNGEN

mit Kindern im Allgäu

J. BERG

Inhalt

Bild linke Seite: Im Allgäu gibt es zahllose leichte Alpwege, die für kleine Kinder gefahrlos sind ...
Bild oben: ... und es gibt viel zu entdecken.
Bild unten: Zu den Kühen halten wir aber besser respektvollen Abstand.

Tipps zum Wandern mit Kindern

Trotz ihres abschreckenden Namens weist die Distel herrliche Knospen und Blüten auf.

Adressen

www.alpenverein.de
www.bahn.de
www.allgaeu.info
www.dein-allgaeu.de
www.oberstdorf.de
www.hindelang.de
www.pfronten.de
www.fuessen.de

Unser Tipp Eine Besonderheit im Alpenraum ist das Hindelanger Blütentelefon. Dort können wir uns jederzeit aktuell informieren, ob z. B. gerade der Enzian oder einige der 30 Orchideenarten auf den Bergwiesen blühen, die es allein rund um Hindelang gibt, oder die Alpenrose ihr farbiges Kleid anlegt. Tel. 08324/89221.

Allgäu und Allgäuer Alpen, das sind zwei Synonyme für Wandern pur. Vom flachen Voralpenland bis zu den Hochalpen reicht das topographische Spektrum. Und eine der vielen Besonderheiten im Allgäu sind die vielen Almen (oder Alpen, wie sie im Allgäu heißen). Daher rührt auch der Name Allgäu, denn bereits im Mittelalter wurde dort jede nutzbare Fläche gerodet und als Weide oder Mähwiese gewonnen. Von dieser intensiven Arbeit der Allgäuer Bauern profitieren wir auch heute noch, denn sie haben eine Landschaft geschaffen, die mit ihren Alpen, hübschen Dörfern und den vielen Alpwegen besonders ideal zum Wandern ist. Daher gibt es auch so viele Einkehrstellen auf unseren Wanderungen, denn nicht nur die Hütten des Alpenvereins, die eher im Hochgebirge angesiedelt sind, sondern auch die zahlreichen Alphütten bieten uns Rast und Einkehr.
Eine weitere Besonderheit des Allgäus sind die vielen Bäche, Wasserfälle und Tobeln (Klammen), die sich auf gut angelegten Wegen und Steigen erreichen lassen bzw. durchwandert werden können. Anziehungspunkte ohne Zahl sind auch die vielen Seen, die sich im Alpenvorland nach der letzten Eiszeit gebildet haben und heute als Ausflugsziele dienen. Aber auch in den Allgäuer Alpen finden wir reizvolle Bergseen, die wir auf unseren Wanderungen berühren oder die sich als eigenständige Wanderziele eignen. Zahlreiche Sessellifte und Gondelbahnen erschließen uns besonders im Allgäu aussichtsreiche Gipfel und bilden Ausgangspunkte für schöne Höhenwande-

In den Nordalpen eine seltene Spezies, der Esel; angetroffen auf der Fahnengehrenalpe.

rungen. Wandern im Allgäu beschränkt sich nicht nur auf Frühjahr, Sommer und Herbst, wenn uns eine artenreiche Flora auf unseren Wegen begegnet. Manche der in diesem Band vorgestellten Touren lassen sich auch im Winter unternehmen (wie z. B. die Durchwanderung der Breitachklamm, der Anstieg zur Gaisalpe usw.), wenn sich die Natur mit ihren reizvollen Eisgebilden schmückt. Im Allgäu stehen auch einige von Deutschlands berühmtesten Burgruinen und Schlössern, und so können wir dort auf historische Spurensuche gehen. Insgesamt hat also das Allgäu eine Dichte an Sehenswürdigkeiten und an landschaftlicher Vielfalt aufzuweisen wie kaum eine andere deutsche Landschaft.

Das Allgäu ist ganz auf Familien eingestellt. Für große und kleine Kinder bieten sich unzählige Möglichkeiten. Hier haben wir gerade den Steilabfall zur Starzlachklamm überwunden und freuen uns auf die Einkehr in der Alpe Topfen.

Anreise

Auch wenn in der Regel die meisten Urlauber und Ausflügler mit dem Auto ins Allgäu reisen, so empfiehlt sich doch auch die Anreise mit der Bahn. Alle wichtigen Orte – Füssen Pfronten, Oberstaufen, Immenstadt, Sonthofen, Fischen und Oberstdorf – können mit der Bahn erreicht werden (Schwaben-Allgäu-Takt). Von dort hat man Anschluss mit dem RVA (Regionalverkehr Allgäu-Schwaben) in die Seitentäler. Ja, Oberstdorf hat sich sogar einen Namen als autofreier Ferienort gemacht. Aber auch die langen Seitentäler im Oberallgäu sind aus Naturschutzgründen autofrei; dorthin können wir nur mit öffentlichen Bussen, Pferdekutschen, mit dem Fahrrad oder zu Fuß gelangen.

Im Allgäu gibt es also viele Möglichkeiten, den Urlaub oder auch die Bergausflüge autofrei zu gestalten. Ein dichtes Busnetz versorgt die Seitentäler und verbindet die einzelnen Orte miteinander. Bei jeder der hier beschriebenen Routen wurden daher beide Zufahrtsmöglichkeiten angegeben.

Manchmal ist es nur ein Gockel am Weg, der die Faszination der Kinder weckt.

Anforderungen

Alle in diesem Band vorgestellten Wanderungen sind für Kinder zwischen vier und zwölf Jahren konzipiert. Ältere Kinder sind in der Regel in der Lage auch die Touren der Erwachsenen zu meistern. Bei einigen Touren werden Alternativrouten angeboten, falls man mit gemischtem Alter unterwegs ist bzw. keine Schwindelfreiheit besteht. In der Regel verlaufen die Routen über breite Alpwanderwege oder

Im Allgäu wurden früher in der Landwirtschaft Pferde eingesetzt, heute profitieren die kleinen Urlauber von ihnen – durch Reitangebote und Kutschenfahrten.

Bergwanderwege, zuweilen auf Bergpfaden. Bei einigen Routen werden Trittsicherheit und Schwindelfreiheit verlangt. Einige wenige Passagen weisen Drahtseilsicherungen auf. Für Kinder erhöht dies in der Regel jedoch den Reiz einer Tour. Nicht die Harmlosigkeit einer Tour wird geschätzt, sondern die kleine Herausforderung. Noch ein Tipp: Nur Touren für die gesamte Familie auswählen, wenn die Eltern sie selbst souverän beherrschen (z. B. also selbst schwindelfrei sind), nur so kann man für die Kinder die beruhigende Sicherheit ausstrahlen, die sie selbst benötigen.

Gefahrenquellen

Kinder sollten in der Regel immer vor den Eltern gehen, damit man sie im Blick hat. Bei größeren Kindern, wo dies nicht mehr möglich ist, feste Wartepunkte vereinbaren. Beim Abstieg, besonders bei steilen Stellen, müssen die Eltern vor den Kindern gehen. Geröll, nasses Gras, Firnfelder und Blitzschlag fordern besondere Aufmerksamkeit. Auch wichtig: Kinder immer gut eincremen; besonders in Höhenlagen verläuft die Route oft ungeschützt über freie Grashänge und Bergkämme und somit sind wir den UV-Strahlen noch intensiver ausgesetzt. Ein schmerzhafter Sonnenbrand nimmt Kindern jeden Mut für weitere Wanderungen.

Bergschulen

Sollte der eine oder andere nach den leichten bis mittelschweren Wanderungen Lust auf mehr Abenteuer verspüren, so gibt es natürlich im Allgäu zahlreiche Bergschulen oder Alpinschulen, die Erwachsenen wie Kindern gerne eine Einführung in Seil- und Klettertechniken, über Gefahren in den Alpen und richtiges Verhalten bei Notfällen geben.

Klettern

Verstreut über die ganzen Allgäuer Alpen gibt es zahlreiche natürliche Felsen und Klettergärten, in denen auch Kinder gerne unterwiesen werden. Künstliche Kletteranlagen und Kletterhallen gibt es in beispielsweise Ottobeuren, in Memmingen, in Oberstdorf, in Selt-

Bei festlichen Anlässen wird auch heute noch sehr häufig die traditionelle Tracht getragen.

mans/Weitnau, in Scheidegg, in Waltenhofen, in Pfronten und in Kempten. Hochseilgärten gibt es in Bolsterlang, in Scheidegg und in Oy-Mittelberg. Diese sind aber erst ab einem Alter von 14 Jahren geeignet. Auskünfte erteilt jede Tourist-Information, Kurverwaltung oder jedes Verkehrsamt.

Immer wieder am Weg – ein Brunnen zur Erfrischung.

Ausrüstung

Auch wenn die meisten Touren als leicht bewertet werden können und über Alpwege und leichte Wanderwege führen, stabile Wanderschuhe sind auch für Kinder ein Muss. Zu leicht ist ein Fuß umgeknickt, und größere Kinder kann man auch beim besten Willen nicht über eine längere Strecke tragen. Längere Hosen sind besser als kurze, um das Verletzungsrisiko zu mindern (Stacheln, Brennnesseln), Sonnenschutz, Mütze, Wechselwäsche, Anorak dürfen nicht fehlen. Kleine Kinder müssen bei ausgesetzten Stellen mit einem Klettersteigset und einer Reepschnur gesichert werden. Ein Erste-Hilfe-Set mit Pinzette gehört zur Ausrüstung. Bei Übernachtungen auf Alpenvereinshütten: Hüttenschlafsäcke.
In der Regel gilt besonders mit Kinderbegleitung: immer für ungünstige Bedingungen gerüstet sein, auch wenn beim Start die Sonne scheint. Für Kinder zwischen einem und drei Jahren ist die Mitnahme einer Kraxe unerlässlich. Auch wenn sie zu Beginn der Tour allein loslaufen wollen, sie ermüden schnell und wollen dann getragen werden. Für Spiele oder Abwechslung unterwegs empfiehlt sich die Mitnahme folgender Gegenstände: Taschenmesser, Taschenlampe, Ball, Lupe, ein Spielebuch, Pflanzen- und Blumenbestimmungsbücher. Auch ein Fernglas wird gerne angenommen, um echte oder imaginäre Wildtiere zu beobachten.

Unser Tipp In den Allgäuer Alpen und besonders in Hindelang ist die Luft selten rein. Viele Allergiker kommen hierher, um die gesundheitsfördernde Wirkung der »Hindelanger Klimaschaukel« auszunutzen. Die Alpen-Allergie-Station in Hindelang ist in Deutschland einmalig.

Die Allgäuer Küche schmeckt auch Kindern – vor allem die typischen Kässpatzen sind ein Genuss!

Ernährung und Gesundheit

Bei jeder der vorgestellten Touren gibt es entweder am Ausgangspunkt (oder in unmittelbarer Nähe), an der Route oder am Ziel eine Einkehrmöglichkeit. Aber manche Alpe oder Hütte kann auch mal geschlossen sein (wegen Ruhetags oder aus persönlichen Gründen). Also werden wir immer etwas Proviant und – ganz wichtig – ausreichend Getränke mit im Rucksack haben. Am besten eignen sich gut belegte Butterbrote, Obst, aber auch rohes Gemüse (z. B. Karotten, Gurken und Kohlrabi) sowie Trockenobst und Nüsse. Als Getränke eignen sich Apfelschorle, Früchtetees oder auch »nur« Wasser.

Gehzeiten und Höhenmeter

Die im Tourensteckbrief angegebenen Gehzeiten verstehen sich ohne Rastpausen, sie sind aber großzügig bemessen und decken sich daher nicht immer mit den vor Ort befindlichen Zeitangaben. Die Angabe der Höhenmeter bezieht sich auf den Höhenunterschied zwischen Ausgangspunkt und Wanderziel bzw. dem höchsten erreichten Punkt. Je nach Alter der Kinder können pro Stunde 200 bis 400 Höhenmeter im Anstieg bewältigt werden, im Abstieg sind es in der Regel 500 bis 700 Höhenmeter. Kinder sollten nicht überfordert werden, für Kinder bis zur Schulreife sind drei bis vier Stunden Gehzeit das Maximum, Schulkinder schaffen – mit entsprechenden Pausen – auch ein leichtes Tagespensum. Pausen sollten immer an ungefährlichen Stellen eingelegt werden, damit die Kinder ein bisschen herumtollen können und man nicht selbst ständig gefordert ist.

Unser Tipp Falls Sie Fragen zu den Schwierigkeiten und zu den Bedingungen in den Allgäuer Alpen haben: Die alpine Auskunft in Oberstdorf erreichen Sie unter folgender Nummer: Tel. 0 83 22/70 02 00.
Der Alpenvereinswetterbericht ist erreichbar unter: Tel. 0 89/29 50 70.

Einkehr und Übernachtung

Auch wenn viele Wanderer mit Kindern im Allgäu über ein Quartier im Tal verfügen, sollte man gerade Kindern einmal das Vergnügen einer Übernachtung in einer Berghütte oder Einkehralpe gönnen. Dies wird ganz bestimmt zu den besonderen Erlebnissen eines Bergausfluges gehören. Alpenvereinshütten sind für jedermann zugänglich, Mitglieder genießen jedoch kleine Vorrechte bzw. zahlen ermäßigte Übernachtungsgebühren. Wer allerdings im Allgäu auch im Tal wanderfreundliche Hütten finden will, in der die ganze Familie gut aufgehoben ist, wird auch dort fündig, z. B. im Mahdtalhaus (Riezlern) oder in der Jugendbildungsstätte des DAV in Hindelang. Jugendherbergen gibt es in Füssen, Kempten und in Oberstdorf.

Bergrettung und alpines Notsignal

Auch wenn wir nicht hoffen, dass auf einer der durchgeführten Wanderungen ein Hilferuf notwendig sein sollte, aber keine noch so leichte Wanderung kann so einfach sein, dass nicht einmal der Ernstfall eintreten könnte. Ein Abrutschen im Steilgelände, Steinschlag, plötzlich aufkommender Nebel, Schneefall – auch im Hochsommer möglich –, ein gebrochener Fuß usw., alles ist möglich.

Das international eingeführte Notsignal sollte daher jedem geläufig sein, der in den

Bergen unterwegs ist: Innerhalb einer Minute wird sechsmal in regelmäßigen Abständen, mit einer Minute Unterbrechung, ein hörbares oder sichtbares Zeichen (pfeifen/blinken) gegeben. Der Empfänger antwortet mit dreimaliger Zeichengebung in der Minute. Am einfachsten ist die Mitnahme eines Trillerpfeifchens, wie es im Sport verwendet wird. Mittlerweile wird auch das Mitführen von Handys immer selbstverständlicher. Doch das unbedachte Anfordern von Bergwacht und Einsatzleuten kann teuer werden, also bitte genau überlegen, ob der Aufwand gerechtfertigt ist; natürlich sollte die Familie aber auch keiner unnötigen Gefahr ausgesetzt werden.

Noch einmal eine kleine Rast, bevor wir den langen, aber kurzweiligen Abstieg ins Tal antreten. Die Durchschlupfe zeigen uns: Hier gibt es bald wieder jede Menge Kühe und Jungvieh am Weg zu entdecken.

Karten

Auch wenn jeder in diesem Band beschriebenen Route eine Routenkarte beigefügt ist, die für das Nachvollziehen der Wanderung voll ausreicht, so wird der eine oder andere doch noch mehr Informationen wünschen, sei es zur Gipfelbestimmung, sei es für die Erkundung von Alternativrouten oder auch um ein noch plastischeres Bild der durchwanderten Berglandschaft zu erhalten.
Am genauesten sind die topographischen Blätter des Bayerischen Landesvermessungsamtes (BLVA). Alle vorgeschlagenen Touren können mit folgenden Karten im Maßstab 1 : 50 000 abgedeckt werden: »Füssen und Umgebung«, »Allgäuer Alpen«.

Bild linke Seite oben: Für unterwegs dringend empfohlen: ein kleiner Naturführer, um Blumen bestimmen zu können.

Bild linke Seite unten: Unterwegs auf der Alpe Eck, einem beliebten Ausgangspunkt für leichte Höhenwanderungen.

Ammergauer Alpen

1 Tegelberg und Branderschrofen

Schnelle Gipfelfreuden und Abstieg ins Tal auf dem Schutzengelweg

Anfahrt

Auto Über Kempten (A 7) nach Füssen und weiter nach Schwangau zur Tegelbergbahn. Oder über Schongau und Halblech (B 17) in Richtung Hohenschwangau, dann links ab zur Talstation der Tegelbergbahn (830 m).

Bahn/Bus Mit der Bahn bis Füssen und weiter mit dem Bus bis zur Talstation der Tegelbergbahn.

Höchster Punkt Branderschofen, 1880 m

Talort Hohenschwangau, 796 m

Bergbahn Die Tegelbergbahn (830–1720 m) ist ganzjährig in Betrieb, in der Sommersaison von 9–16.30 Uhr; Tel. 0 83 62/9 83 60.

Gehzeiten Von der Bergstation zum Branderschrofen 45 Minuten, Rückweg 30 Minuten; Abstieg ins Tal 2.30 Std.

Anforderungen Der Gipfelweg zum Branderschrofen ist ausgesetzt (einige Drahtseilsicherungen); kleinere Kinder müssen angeseilt werden. Der Abstiegsweg ins Tal erfolgt auf überwiegend breiten Wegen, ist streckenweise steil, aber ungefährlich.

Höhenunterschied Zum Branderschrofen 160 m im Anstieg; Abstieg ins Tal 1050 m.

Alter Zum Branderschrofen ab 8 Jahren; Abstiegsrunde ab 6 Jahren.

Karte Topographische Karte 1 : 50 000 Füssen und Umgebung (BLVA).

Bild Seite10/11: An der Talstation der Tegelbergbahn wird viel geboten, z. B. gibt es eine Sommerrodelbahn und einen Kinderspielplatz.

Der Tegelberg gibt seinen Namen einem ganzen Bergmassiv. Der höchste Gipfel allerdings – der Branderschrofen – trägt einen anderen Namen. Ja es gibt eine Reihe kleinerer und größerer Erhebungen an diesem Massiv. Das ganze Gebiet ist Teil des größten Naturschutzgebietes in Bayern, dem Ammergebirge. Seit dem Bau der Tegelbergbahn hat das Interesse an diesem Berg stark zugenommen. Vorher war es ein eher ruhiges Jagdrevier für die bayerische Königsfamilie. Das Tegelberghaus, gleich neben der Bergstation, war früher ein königliches Jagdhaus, in dem sich Ludwig II., der Märchenkönig, gerne aufhielt. Rund um den Tegelberg gibt es für Kinder viel zu entdecken. Schon an der Talstation lockt eine Sommerrodelbahn, daneben gibt es eine

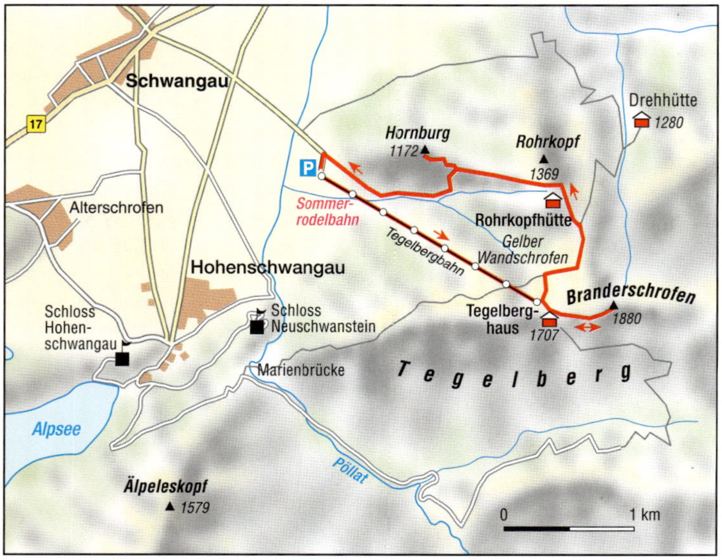

Auf dem Gipfel des Branderschrofens, dem höchsten Punkt am Tegelberg.

römische Ausgrabung. Dann ist da die steile Auffahrt mit der Tegelbergbahn, bei der nur eine einzige Stütze benötigt wird, um eine schräge Länge von 2146 Metern zu überwinden. Dort oben öffnet sich dann ein wahres Wanderparadies mit einigen Themenwanderwegen: so z. B. der Schutzengelweg, der Ahornreitweg hinab in die Bleckenau, der als Naturlehrpfad gestaltet ist. Und so ganz nebenbei schauen wir den Gleitschirm- und Drachenfliegern bei ihrem waghalsigen Tun zu, für die der Tegelberg ein wahres Dorado ist.

Anstieg zum Branderschrofen Von der Bergstation der Tegelbergbahn laufen wir die wenigen Meter zum Tegelberghaus. Von dort folgen wir – rechts an diesem vorbei – dem ausgeschilderten breiten Wanderweg auf den bereits über uns deutlich aufragenden Branderschrofen. Zunächst seitlich am Kamm entlang, dann bei der Wegverzweigung links über die grasigen Hänge hinauf zu der Schulter, die vom Branderschrofen herabzieht. Bei einem kleinen Vorgipfel warnt uns eine Tafel: »Vorsicht – nur für Geübte«. Also Augen auf, denn hier beginnt der anspruchsvollere Teil des Gipfelweges. Einige Seilsiche-

Einkehr/Übernachtung

- **Tegelberghaus** (1707 m), privat, ganzjährig bewirtschaftet, 12 Betten, 20 Lager; Tel. 0 83 62/89 80.
- **Restaurant an der Bergstation** mit Terrasse und Kiosk.
- **Rohrkopfhütte** (1359 m), privat, im Sommer einfach bewirtschaftet; Terrasse; Tel. 0 83 62/83 09.
- **Imbiss mit Biergarten** an der Talstation der Tegelbergbahn.

rungen helfen auf dem nun schmalen Pfad, der hinauf zum Grat führt. Bei Nässe nicht mit Kindern weitergehen, denn die Felsen sind schon ziemlich abgeschliffen. Zuletzt über den letzten Gipfelaufschwung hinauf zum großen Gipfelkreuz. Der Blick reicht von hier oben bis zur Zugspitze, in die Lechtaler und Allgäuer Alpen und natürlich ins Alpenvorland, das frei vor uns liegt.

Abstieg über Schutzengelweg und Rohrkopfhütte Auf dieser Abstiegsroute bewegen wir uns auf dem vor einigen Jahren geschaffenen Kulturpfad Schutzengelweg, der von der Bergstation hinab zur Talstation führt und uns Wissenswertes über die Eiszeiten, die Geologie und die Geschichte der Region zeigt. – Vom Tegelberghaus gehen wir zunächst auf dem breiten Weg unter der Seilbahntrasse hindurch zur Wegverzweigung unterhalb, wo uns einige Wegweiser weiterhelfen: »Ilgmösle«, »Drehhütte«. Rechts haltend nun auf gestuftem Wanderweg hinab in eine Mulde. Links haltend geht es weiter an zwei Lifthäuschen vorbei und in Serpentinen über vorwiegend freies Gelände zur bereits sichtbaren Rohrkopfhütte. Kurz vorher zweigt rechts der Weg zur Dreh-

Die Tegelbergbahn benötigt nur eine Stütze bis zur Bergstation.

Unser Tipp

In Rieden, zwischen Füssen und Roßhaupten gelegen, finden wir ein außergewöhnliches Puppenmuseum (Hintere Schöne 4, Tel. 0 83 62/ 34 70). Alte, aber auch neue Puppen, drapiert in Kinderwägen, alte Puppenstuben, ein ganzes Haus voller liebevoll gestalteter kleiner Kunstwerke. Einige davon kommen aus der eigenen Werkstatt und können sogar erworben werden. Öffnungszeiten: Di–Mi 10–12 Uhr.

Am schrofigen Gipfelgrat des Branderschrofen. Kleine Kinder müssen hier ans Seil.

hütte ab. Vor der Rohrkopfhütte dann links weiter auf einem schmalen Wirtschaftsweg, dem so genannten Schutzengelweg, und durch Wald seitlich am Rohrkopf vorbei talwärts. Der Fahrweg wird zweimal links haltend auf dem Wanderweg abgekürzt. Dann gelangen wir zu einer Lichtung und weiter hinab zu einer Wegverzweigung direkt vor der Hornburg (siehe unten). Links weiter in einen großen Graben (Achtung: Rutschgefahr!) und in Serpentinen hinab zum Fahrweg. Auf diesem wandern wir dann gemächlich – zu Beginn am Rautbach entlang – hinab zur Talstation der Tegelbergbahn.

Abstecher zur Hornburg Am Abstiegsweg über die Rohrkopfhütte haben wir die Gelegenheit noch einen kleinen Gipfelabstecher einzulegen. 20 Minuten Gehzeit unterhalb der Rohrkopfhütte beginnt unser Anstiegsweg. Ein kleiner Wegweiser gibt die Richtung vor, dann folgen wir dem schmalen Pfad hinauf durch Fichtenwald bis zur 1172 Meter hohen Hornburg, die allerdings nur so heißt, eine Burg finden wir dort oben nicht vor, aber einen schönen Platz zum Rasten und einen freien Blick auf die Ostallgäuer Seenplatte. Nach Norden fällt dieser kleine Gipfel steil ab, also Vorsicht! Anschließend gehen wir auf dem Anstiegsweg wieder zurück.

An der Wegverzweigung unterhalb der Bergstation: Der linke Weg führt hinab zur Marienbrücke und zum Schloss Neuschwanstein, rechts führt der Weg weiter zur Rohrkopfhütte.

Unser Tipp An der Talstation der Tegelbergbahn gibt es eine 760 Meter lange Sommerrodelbahn, die bei guter Witterung täglich von 10–18 Uhr in Betrieb ist. An der Talstation gibt es zusätzlich einen großen Spielplatz mit Scooterbahn und Trampolinanlage.

2 Durch die Pöllatschlucht

Klammwanderung im Reich des Märchenkönigs

Anfahrt

Auto Über Weilheim und Peiting bzw. über Füssen nach Hohenschwangau; mehrere ausgeschilderte, gebührenpflichtige Parkplätze.
Bahn/Bus Mit der Bahn nach Füssen und weiter mit dem Bus nach Hohenschwangau.

Höchster Punkt Marienbrücke, 984 m

Talort Hohenschwangau, 800 m.
Gehzeiten Vom Parkplatz durch die Schlucht zur Marienbrücke 45 Minuten, Abstieg über Schloss Neuschwanstein 30 Minuten. Gesamtgehzeit: 1.15 Std.
Anforderungen Der eigentliche Klammweg ist gut gesichert mit Geländern, Stegen, Brücken und Sicherungsseilen. Trotzdem sollte man besonders auf kleine Kinder gut acht geben. Der restliche Weg ist breit und ungefährlich (teilweise Wirtschaftsweg, kurze Straßenabschnitte).
Höhenunterschied 190 m im Auf- wie im Abstieg.
Alter Ab 4 Jahren.
Karte Topographische Karte 1 : 50 000 Füssen und Umgebung (BLVA).

Unser Tipp Schloss Neuschwanstein: Das Schloss des Märchenkönigs ist ganzjährig geöffnet, der Besuch allerdings nur im Rahmen einer Führung möglich. Öffnungszeiten: April bis September täglich von 9–18 Uhr, von Oktober bis März täglich von 10–16 Uhr; Tel. 0 83 62/ 93 98 80.

Wir könnten natürlich auch nur von der Marienbrücke einen Blick in die tief eingeschnittene Schlucht werfen und den Pöllatfall von oben betrachten. Aufregender ist es aber, den direkten Weg durch das tief in die Felsen eingeschnittene Innere zu wagen. Doch keine Sorge: Die Pöllatschlucht ist ideal für einen Ausflug mit Kindern, denn sie ist nur kurz, bietet bereits nach dem furiosen Auftakt – mit dem direkt in dem Felsen verankerten Steig – eine ausgiebige Spielmöglichkeit am Bachufer der Pöllat, dann folgt der Anstieg über den teilweise gestuften Weg hinauf zur Marienbrücke. Und vor allem bleibt immer noch genügend Zeit, eine Besichtigung von Schloss Neuschwanstein dranzuhängen.

Die Route Wir starten von den großen Parkplätzen in der Ortsmitte von Hohenschwangau, spazieren vor dem Café Kainz links über den Parkplatz, bis wir auf den Zugangsweg zur Schlucht treffen (Wegweiser). Ein Stück nun auf dem Wanderweg, der zum Schloss Neuschwanstein führt, nach 100 Metern links und bis zu einer Wegverzweigung. Dort links und auf breitem Wanderweg in 20 Minuten immer am Bergfuß entlang zum Schluchteingang. Der Auftakt ist beeindruckend: Der in den steil aufragenden Felsen verankerte Eisensteig verläuft direkt über der Schlucht, somit sind wir mitten im Getöse der sprühenden Wassermassen. Der anschließende gestufte Steig führt hinauf in die weite, bewaldete Ausbuchtung der Klamm, die sich ideal für einen längeren

Aufenthalt, zum Spielen und Rasten eignet. Dann gehen wir auf dem steilen, aber breiten Wanderweg hinauf zu einer Aussichtskanzel (linker Hand), die uns einen direkten Blick auf den knapp 50 Meter hohen Wasserfall gestattet. Direkt über uns erblicken wir die Marienbrücke, die in Schwindel erregender Weise die Pöllatschlucht überspannt. Wir steigen dann noch ein Stück höher und erreichen so den Zugangsweg zum Schloss Neuschwanstein, dem wir nun einen Besuch abstatten. Anschließend könnten wir auf dem breiten Fußweg hinab nach Hohenschwangau wandern. Wir gehen jedoch auf dem breiten Fahrweg links hinauf zum Aussichtspunkt »Jugend«, dann weiter zur Abzweigung »Marienbrücke«, von der wir einen herrlichen Blick auf das Schloss Neuschwanstein haben. Wenige Meter oberhalb dieser Abzweigung ist der Buswendeplatz, von dem aus wir auch mit dem Pendelbus talwärts fahren können.

Variante Diese Tour kann mit der Tour 3 (Alpenrosenweg) kombiniert werden. Dann aber besser mit größeren Kindern, da die Strecke sonst zu lang wird. Als weitere Möglichkeit bietet sich die Umrundung des Alpsees an. Dort finden wir dann auch eine Badeanstalt und einen Bootsverleih.

Einkehr

■ **Schlosswirtschaft Neuschwanstein** (964 m), ganzjährig während der Öffnungszeiten des Schlosses bewirtschaftet.
■ **Mehrere Gaststätten** in Hohenschwangau.

Bild oben: Das Schloss Neuschwanstein ist der Inbegriff der märchenhaften Königsschlösser.
Bild unten: Die Marienbrücke überspannt in Schwindel erregender Höhe die Pöllatschlucht.

3 Alpenrosenweg und Schwansee

Ein leichter Höhenweg mit Tiefblick vom Kalvarienberg auf Füssen

Anfahrt

Auto Auf der A 96 bis zur Ausfahrt Landsberg-Nord, dann auf der B 17 über Schongau und Steingaden nach Hohenschwangau; dort große, gebührenpflichtige Parkplätze.
Bahn/Bus Mit der Bahn nach Füssen und mit dem Bus weiter nach Hohenschwangau. Die Tour kann natürlich auch in Füssen begonnen werden (dann zuerst Anstieg zum Kalvarienberg vom Lechfall oder von der Stadtmitte/Lechufer aus).

Höchster Punkt Kalvarienberg, 953 m

Talort Hohenschwangau, 796 m.
Gehzeiten Über den Alpenrosenweg zum Kalvarienberg 1.45 Std., Rückweg über den Schwansee 1.15 Std.; insgesamt 3 Std.
Anforderungen Überwiegend Ziehwege und Wirtschaftswege; einige Passagen schmale Bergwege. Am Alpenrosenweg an steilen Abschnitten Holzgeländer und Stege, insgesamt aber leicht.
Höhenunterschied 180 m im Auf- wie im Abstieg.
Alter Ab 6 Jahren.
Karte Topographische Karte 1 : 50 000 Füssen und Umgebung (BLVA).

Auf dieser ausgedehnten Runde um den Schwansee bei Füssen können wir alles erleben, was der Königswinkel zu bieten hat: Wir besichtigen die beiden Königsschlösser, wandern auf dem Alpenrosenweg, der allerdings nur so heißt, aber keine Alpenrosen zu bieten hat; er ist aber eine Teilstrecke des Ostallgäuer Höhenwegs, wir betrachten die alte Reichsstadt Füssen aus der Vogelperspektive, genauer gesagt vom Kalvarienberg, der mit einer Kapelle geschmückt ist, und wir können am Schwansee einen Badestopp einlegen, bevor wir zum Ausgangspunkt zurückkehren. Falls wir allerdings mit kleineren Kindern

Unser Tipp

Ein Besuch von Schloss Hohenschwangau: Sehenswert die Wandgemälde mit Themen aus der germanischen Sagenwelt und der deutschen Geschichte. Das zerstörte alte Schloss wurde 1833 im Stil der englischen Neugotik erbaut. Öffnungszeiten von April bis September täglich von 8.30–17.30, im Winterhalbjahr von 10–16 Uhr.

unterwegs sind, unternehmen wir besser die Umrundung des Alpsees, die nur etwa halb so lange dauert und wo wir bei Ermüdungserscheinungen eine Ruderbootfahrt oder einen Stopp bei der Badeanstalt einlegen können.

Die Route Vom oberen Parkplatz in Hohenschwangau gehen wir rechts die Fürstenstraße hinauf und zweigen bald rechts zum Schloss Hohenschwangau ab. Falls wir genügend Zeit eingeplant haben, können wir schon jetzt die Besichtigung einbauen. 100 Meter vor dem Schloss (wenn man auf dieses zusteuert) beginnt dann ein ausgeschilderter Steig, der uns links – bei der folgenden Wegverzweigung halten wir uns ebenfalls links – durch schönen Wald hinauf zu den spärlichen Resten der Ruine Frauenstein führt. Dort oben finden wir einen Rastplatz mit Bänken vor – und eine frei Sicht auf die beiden Königsschlösser.

Anschließend steigen wir jenseits auf gutem Steig durch Laubwald hinab zu einem Ziehweg und baldiger Wegverzweigung. Geradeaus hätten wir nun die Möglichkeit auf dem Fischersteig direkt zum Schwansee abzusteigen und die Tour abzukürzen. Wir halten uns kurz

Einkehr/Übernachtung

Unterwegs keine. Im Sommer – während des Badebetriebs – Kiosk am Schwansee.
■ **Mehrere Gaststätten** in Hohenschwangau (ganzjährig bewirtschaftet)
■ **Kiosk** bei der Badeanstalt am Alpsee (nur während der Badesaison geöffnet).

Bild oben: Schloss Hohenschwangau wurde im 19. Jahrhundert im Stil der englischen Neugotik erbaut.

rechts, dann sogleich wieder links und folgen dem breiten Ziehweg leicht ansteigend durch Wald. Der schöne, an steilen Stellen mit einem Holzgeländer gesicherte Alpenrosenweg führt uns nun nahezu eben durch die bewaldete Nordseite des Schwarzenbergs. Wir überqueren noch eine Brücke, folgen einem gestuften Weg und passieren ein paar Stege, bevor wir erneut eine Wegverzweigung erreichen. Bei dieser halten wir uns rechts und folgen der Ausschilderung nach Füssen. Nach dem Queren zweier Forstwege folgen wir einem weiteren und lassen uns dabei von der Ausschilderung »Kalvarienberg« leiten. Dabei passieren wir einen Klettergarten, an dem sich auch Kinder die ersten Kettersporen verdienen können. Anschließend folgen wir dem links abzweigenden Steig hinauf zum Kalvarienberg (953 m). Nach dem steilen Anstieg erwartet uns dort oben eine Kapelle mit einem gemalten Panorama des biblischen Kalvarienbergs. Direkt darüber wurde eine Aussichtsplattform installiert, die uns einen freien Blick auf die alte Reichsstadt Füssen ermöglicht.

Dann folgen wir dem ostwärts hinabführenden Steig in Richtung Schwansee, treffen wieder auf die Forststraße, die wir vorher verlassen haben, die dann in Seenähe in den Königsweg einmündet. Auf diesem links weiter zum Seeufer, das hier als Naturschutzgebiet ausgewiesen ist, dann treffen wir auf eine kleine Badeanstalt. Der Uferrundweg leitet uns durch herrliche Blumenwiesen, auf denen im Mai Hunderte von blauen Enzianen blühen. Der nur sieben Meter tiefe Moorsee liegt im ehemaligen Schlosspark von Schloss Hohenschwangau. König Ludwig II., der Märchenkönig, soll hier oft in der Nacht mit dem Ruderboot unterwegs gewesen sein.

Bei der folgenden Wegverzweigung dann entweder rechts und über den Fischersteig direkt hinüber zum Alpsee oder links haltend auf breitem Wanderweg zurück nach Hohenschwangau.

Variante Eine Umrundung des Alpsees ist auch für Kinder sehr interessant, die erste Hälfte des Weges ist dabei sogar gut mit Kinderwagen befahrbar.

Der Alpsee ist mit 62 Metern Tiefe ein kalter Gebirgssee, zudem wird er durch unterirdische Quellen gespeist. Im Hochsommer sind wir aber für eine gute Abkühlung möglicherweise recht dankbar, denn die Wassertemperatur erreicht gerade mal 20° C.

Vom letzten Parkplatz in Hohenschwangau gehen wir links am Hotel Alpenrose vorbei und schlendern auf

Unser Tipp

Im Walderlebniszentrum Ziegelwies bei Füssen (an der B 17 in Richtung Reutte; Tiroler Straße 10, Tel. 0 83 62/92 39 99) können wir einen Bergwaldpfad von zwei Kilometer Länge mit elf ausgeschilderten Stationen erkunden, dabei passieren wir auch einen Waldspielplatz.
Öffnungszeiten: von Dienstag bis Freitag von 10–16 Uhr, in den Ferien auch Samstag und Sonntag.

An der Aussichtskanzel am Kalvarienberg.

einem Wirtschaftsweg am Ufer entlang, dabei passieren wir bald einen Ruderbootverleih. Dahinter nehmen wir den neuen Uferweg bis zur Badeanstalt Alpsee (Baden ist nur hier erlaubt). Im weiteren Verlauf wird der Weg etwas schattiger. Am oberen Ende des Sees queren wir ein paar Holzbrücken und Stege. Von dort schöner Blick auf die beiden Schlösser.

Auf gut angelegtem Steig dann immer rechts haltend weiter zum Marienmonument, einer Erinnerung an die bayerische Königsmutter, wo sich ein schöner Rastplatz befindet. Auf dem Alpseerundweg weiter, der auf der Nordwestseite nun ziemlich steil durch Mischwald hinaufführt. Wir treffen auf den Pindarplatz, einen Aussichtspunkt auf einem Felsvorsprung direkt über dem Seeufer. Bald ist die Fürstenstraße erreicht, auf der wir nun zum Ausgangspunkt zurückkehren. Gehzeit: 1.30–2 Std.

Vom Kalvarienberg hat man einen überwältigenden Blick auf die Altstadt von Füssen.

Bild Seite 22/23: Am Anstiegsweg zum Schartschrofen, einem leichten, aber abwechslungsreich zu besteigenden Aussichtsgipfel.

Tannheimer Berge

4

Füssener Jöchl und Schartschrofen

Kurzer Gipfelabstecher mit ausgedehnter Hüttenrunde

Anfahrt

■ **Auto** Über Pfronten bzw. Reutte ins Tannheimer Tal nach Grän. Auf der Ostseite des Ortes zur Talstation der Füssener-Jöchl-Bahn; dort großer, gebührenfreier Parkplatz.
■ **Bahn/Bus** Mit der Bahn bis Reutte, dann mit Bus nach Grän (bis Tourist-Information; von dort 10 Min. zu Fuß zur Talstation der Bergbahn.

Höchster Punkt Schartschrofen, 1968 m

■ **Talort** Grän, 1138 m.
■ **Bergbahn** Die Füssener-Jöchl-Bahn (1205–1821 m) ist nahezu ganzjährig in Betrieb, in der Sommersaison von Anfang Juni (davor auch an schönen Maiwochenenden) bis Allerheiligen
■ **Gehzeiten** Von der Bergstation zum Schartschrofen 1.30 Std.; Abstieg zur Füssener Hütte 1.30 Std.; Rückkehr zur Bergstation 1.30 Std. Gesamt: 4.30 Std.
■ **Anforderungen** Leichte, am Schartschrofen auch schmale Bergwanderwege; am Gipfel des Schartschrofens jedoch Vorsicht, dort fallen die Felsen beinahe senkrecht nach Süden und Südosten ab, also Kinder nicht bis zur Kante vorgehen lassen.
■ **Alter** Ab 6 Jahren.
■ **Höhenunterschied** 418 m
■ **Karte** Topographische Karte 1 : 50 000 Füssen und Umgebung (BLVA).

Unser Tipp

Der südöstlich von Grän gelegene Haldensee bietet schöne Bademöglichkeiten mit Trinkwasserqualität. Direkter Zugang zum See beim Ort Haller mit Naturbadestrand. Auf der Westseite des Sees befindet sich die Badeanstalt »Wasserwelt Haldensee« mit Riesenrutsche und Nichtschwimmerbecken. Außerdem gibt es beim Strandcafé einen Ruder- und Tretbootverleih.

Die Tannheimer Berge gehören geologisch zu den Allgäuer Alpen und sind nicht nur ein beliebtes Klettergebiet, sondern bieten gerade auch für Wanderer schöne Höhenwege und ein paar einfache Gipfelziele. Mit dem Schartschrofen wagen wir uns in die Nähe der Klettergebiete von Roter Flüh und Gimpel. Vielleicht können wir durch das Fernglas auch eine Seilschaft am Gimpel beobachten. Dann steigen wir hinab ins oberste Raintal, wo uns gleich zwei voll bewirt- schaftete Hütte erwarten. Die eine – die Otto-Mayr-Hütte, ein Fertigbauhaus, was man der Hütte aber nicht ansieht – ist eine Alpenvereinshütte, die andere – die Füssener Hütte, ursprünglich eine Alphütte – gehört der Stadt Füssen, obwohl sie auf österreichischem Gebiet liegt.

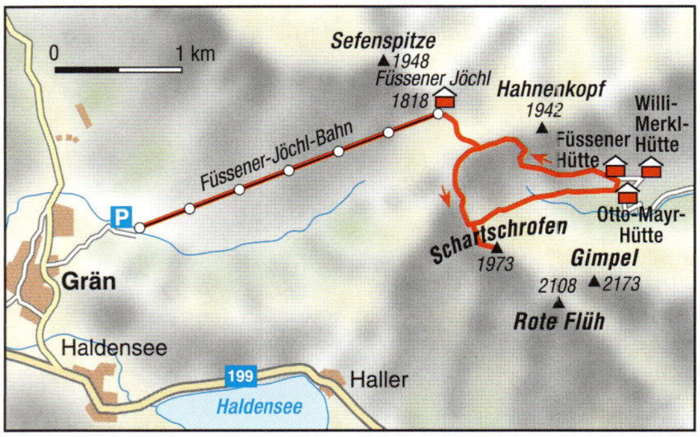

Trotz der beachtlichen Höhe, die wir bei dieser Tour erreichen, wir kratzen schon an der Zweitausendmetermarke, ist sie nicht sehr anstrengend, denn die Füssener-Jöchl-Bahn befördert uns mit ihren Kabinen bis auf eine Höhe von über 1800 Metern. Falls die Kinder noch über keinerlei Bergerfahrung verfügen oder jünger als sechs Jahre sind, belassen wir es bei der Hüttentour, sparen den Schartschrofen aus und kehren auf demselben Weg zur Bergstation zurück.

Der Aufstieg zum Schartschrofen An der Bergstation am Füssener Jöchl orientieren wir uns erst mal an den vielen Wegweisern auf dem breiten Platz davor, dann schlendern wir rechts haltend auf dem leichten Wanderweg in Richtung Läuferspitz. Leicht ansteigend erreichen wir so das Raintaljoch. Hier verzweigen sich nun die Wege: Links führen Serpentinen hinab zur Füssener und zur Otto-Mayr-Hütte, wir halten uns jedoch rechts und wandern durch die latschenbewachsenen Hänge der Läuferspitze, wobei wir im Wechsel von der Ost- auf die Westseite schwenken. Über einen Buckel gehen wir hinab ins Hallergernjoch und steigen dort jenseits in 20 Minuten durch Latschen hinauf zum Gipfelkreuz des Schartschrofens. Hier müssen wir allerdings aufpassen, denn die Felsen fallen hier nahezu senkrecht ab. Tief unter uns sehen wir jetzt den Haldensee heraufblinken, auf der anderen Seite liegt das Raintal, an dessen oberen Ende unser nächstes Ziel liegt.

Die Hüttenrunde Vom Gipfel des Schartschrofens gehen wir ein Stück des Anstiegsweges zurück bis in einen kleinen Sattel, das Hallergernjoch (1853 m); dort zweigt rechts unser ausgeschilderter Abstiegsweg (Mark.-Nr. 413) zur Füssener Hütte ab. Über zahlreiche Serpentinen steigen wir durch den Latschengürtel hinab ins oberste Raintal, dann auf gutem Wanderweg weiter zu den Unterkunftshäusern Füssener Hütte und Otto-Mayr-Hütte. Welcher von den beiden wir auch den Vorzug geben (beide Hütten liegen nur etwa 200 Meter auseinander), der Rückweg zur Bergstation ist nun leicht und führt über die Matten des oberen Raintals und das Raintaljoch, das wir zu Beginn unserer Tour bereits berührt haben.

Einkehr/Übernachtung

■ **Sonnenalm** (1821 m), an der Bergstation der Füssener-Jöchl-Bahn, bewirtschaftet während der Betriebszeiten.
■ **Füssener Hütte** (1550 m) privat, bewirtschaftet von Mai bis Mitte Oktober, 16 Betten, 40 Lager; Tel. 00 43/676/342 32 21.
■ **Otto-Mayr-Hütte** (1530 m), Alpenvereinshütte, bewirtschaftet von Anfang Mai bis Ende Oktober, 24 Betten, 60 Lager, Tel. 00 43/56 77/84 57.

Bild oben: Tiefblick vom Gipfel des Schartschrofens auf den Haldensee.

5 Hochalpe und Reichenbachklamm

Auf die Sonnenterrasse hoch über Pfronten

Anfahrt

Auto Von Kempten (A 7) oder über Marktoberdorf bzw. über Füssen nach Pfronten-Steinach zur Talstation der Breitenbergbahn; dort großer Parkplatz.
Bahn/Bus Mit der Bahn (Außerfernbahn) über Kempten bzw. von Füssen nach Pfronten-Steinach.

Unser Tipp

In Pfronten gibt es ein großes Hallenbad mit Liegewiese, Außenbecken und 60 Meter langer Rutsche.

Seite 27 oben: Wer nicht bis zur Ostlerhütte (Bild Seite 27 unten) hochwandern will, kann seine Zeit gut auf der Terrasse der Hochalpe verbringen, bevor es hinab durch die Reichenbachklamm ins Tal geht.

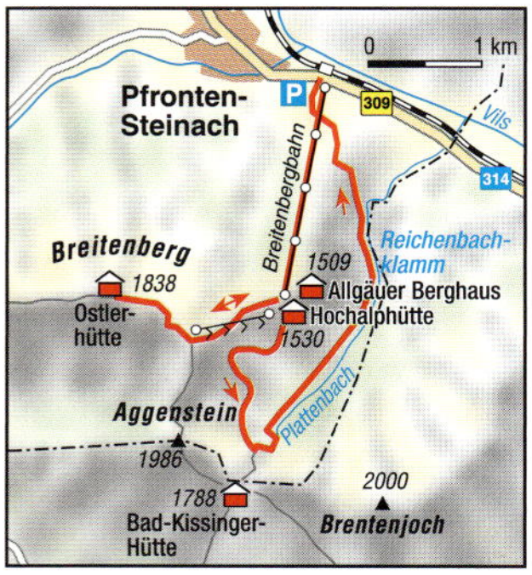

Höchster Punkt Ostlerhütte, 1838 m

Talort Pfronten, 853 m.
Bergbahn Die Breitenbergbahn (850–1500 m) ist in der Wandersaison von Anfang Mai bis Ende Oktober von 9–19 Uhr in Betrieb. Tel. 083 63/58 20. Sessellift von der Bergstation zum Breitenbergsattel.
Gehzeiten Von der Bergstation der Breitenbergbahn bis zur Ostlerhütte je nach Alter 1–1.30 Std.; Abstieg zur Bergstation 45 Minuten; Abstieg von der Bergstation der Breitenbergbahn durch die Reichenbachklamm 2–3 Std.
Anforderungen Anstieg zur Ostlerhütte auf breitem, streckenweise steilem Wirtschaftsweg. Abstieg durch die Reichenbachklamm, anfangs über einen leichten Bergwanderweg, dann über einen gesicherten und mit Geländer versehenen Steig talwärts. Einige steile und ausgesetzte Stellen, kleine Kinder müssen gesichert werden. Achtung: Die Klamm nicht bei Nässe begehen!
Höhenunterschied 338 m im Aufstieg, 1012 m im Abstieg.
Alter Ostlerhütte: ab 3, Reichenbachklamm ab 5 Jahren.
Karte Topographische Karte 1:50 000 Füssen und Umgebung (BLVA)

Dem markanten Aggenstein vorgelagert steht der behäbige Breitenberg, den wir mit Hilfe der Breitenbergbahn schnell erreichen. Von der Bergstation haben wir noch die Möglichkeit, den Sessellift zum Breitenbergsattel zu benutzen. Von dort ist es nur mehr ein – wenn auch steiler – Spaziergang hinauf zur Ostlerhütte, die direkt auf dem Gipfel steht. Bis in Hüttennähe tummelt sich hier im Sommer das Weidevieh. Der Abstieg ins Tal beginnt dann ebenfalls in Nähe der Bergstation der Breitenbergbahn und führt uns in einem Linksbogen hinab in die atemberaubende Reichenbachklamm, die zwar mit einer Steiganlage versehen ist, aber trotzdem nicht ohne ist. Kleinere Kinder sollten da besser gesichert werden. Neben steilen Felsen, Wasserkaskaden und einem großen Wasserfall erwarten uns auch wassergefüllte Gumpen und reizvoll bemooste Felsen, die uns ebenfalls begeistern werden.

Der Aufstieg zum Breitenberg Von der Bergstation der Breitenbergbahn wandern wir (falls wir nicht den Sessellift benutzen wollen) auf dem breiten Wirtschaftsweg an der Hochalphütte vorbei hinauf in den Sattel, der den Breitenberg und das Aggensteinmassiv trennt.

Dort rechts weiter und etwas anstrengend auf dem zwar breiten, aber steil angelegten Weg durch Weidehänge, dann durch Latschen zur Ostlerhütte, die direkt auf dem Gipfel des Breitenbergs steht. Auf der Südseite der Hütte erholen wir uns auf der großen Terrasse, von der aus man einen schönen Blick auf Aggenstein hat. Auf dem Anstiegsweg dann zurück zur Bergstation der Breitenbergbahn.

Der Abstieg durch die Reichenbachklamm Von der Bergstation der Breitenbergbahn wandern wir auf dem Wanderweg nahezu eben in Richtung »Böser Tritt«, der den Übergang zur Bad Kissinger Hütte auf der anderen Seite des Aggenstein vermittelt. Dabei queren wir zunächst die Weidehänge, gehen das obere Ende eines Bachtals aus und wandern durch lichten Wald in ein weiteres, bis wir unter den steilen Gipfelfelsen des Aggensteins auf eine Wegverzweigung stoßen. Hier halten wir uns links und wandern durch Wald auf der linken Seite des Plattenbachtals talwärts. Nach etwa einer halben Stunde ab Wegverzweigung betreten wir die gut gesicherte Reichenbachklamm. Schon bald erwartet uns eine tief eingeschnittene Felsschlucht mit Wasserfall, dann steigen wir über steile Serpentinen, die durch Holz- und Eisenstege sowie Holzgeländer unterstützt werden, steil hinab. Holz- und Felsstufen erleichtern dabei unseren Tritt. Am Klammende, das mit seiner Möglichkeit, direkt am Wasser zu spielen, vielleicht noch einen Stopp erzwingt, folgen wir links haltend der Ausschilderung des Ostallgäuer Höhenwegs zurück zur Talstation der Breitenbergbahn.

Einkehr/Übernachtung

Ostlerhütte (1838 m), privat, nahezu ganzjährig bewirtschaftet, 15 Betten, 60 Lager; Tel. 0 83 63/4 24 oder 12 13.

Hochalphütte (1530 m), Berggasthaus oberhalb der Bergstation der Breitenbergbahn, nahezu ganzjährig bewirtschaftet, Übernachtung möglich, Tel. 0 83 63/16 54.

Allgäuer Berghaus (1509 m), an der Bergstation der Breitenbergbahn, nahezu ganzjährig bewirtschaftet, Übernachtung möglich; Tel. 0 83 63/4 86.

6

Mariengrotte und Falkenstein

Eine Runde um Deutschlands höchstgelegene Burgruine

Anfahrt

Auto Von Kempten (A 7) oder über Marktoberdorf bzw. über Füssen nach Pfronten-Steinach (B314 bzw. B 309). Am Südende von Pfronten Parkplatz gegenüber der Talstation der Breitenbergbahn.
Bahn/Bus Mit der Bahn (Außerfernbahn) von Kempten bzw. von Füssen nach Pfronten-Steinach.

Unser Tipp Am östlichen Ortsrand von Pfronten finden wir einen ausgeschilderten und mit Stegen begehbar gemachten Moor- und Streuwiesenpfad mit Infotafeln und einem kleinen Aussichtsturm. Gehzeit etwa 1 Std.

Blick von der Burgruine Falkenstein ins Vilstal.

Höchster Punkt Falkenstein, 1268 m

Talort Pfronten, 853 m.
Gehzeiten Von Pfronten-Steinach über die Mariengrotte zur Burgruine 1.30 Std., Abstieg zum Ausgangspunkt über die Schlossangeralp 1.30 Std.; gesamte Gehzeit 3 Std.
Anforderungen Insgesamt eine leichte Tour, jedoch gibt es einige steile Passagen am An- und auch am Abstieg, die Kondition erfordern.
Alter Ab 5 Jahren.
Höhenunterschied 420 m im Auf- wie im Abstieg.
Karte Topographische Karte 1 : 50 000 Füssen und Umgebung (BLVA).

Eigentlich sollte Schloss Falkenstein bei Pfronten das nächste, neu erbaute Schloss des Märchenkönigs Ludwig II. werden, größer und noch aufwändiger als alle anderen. Doch sein früher Tod hat das Vorhaben vereitelt. Eine Abbildung des geplanten Schlosses können wir im Burghotel Falkenstein bewundern. Und so finden wir dort oben »nur« Deutschlands höchstgelegene Burgruine. Die im Jahre 1280 vom Grafen Meinhard II. von Tirol erbaute Burg wurde im Dreißigjährigen Krieg niedergebrannt und seitdem nicht wieder aufgebaut. Der König hatte zwar die Burgruine bereits gekauft und einen Zufahrtsweg anlegen lassen, dann wurden jedoch die Arbeiten eingestellt. Das 1988 erbaute Burghotel steht an der Stelle der ehemaligen Bauhütte. Der kurzweilige Anstieg und das prächtige Panorama der Ostallgäuer Seenplatte und der Allgäuer Berge entschädigt aber teilweise für das Phantasieschloss. An so einem historischen Ort wie diesem finden wir natürlich auch noch eine weitere, diesmal aber kleine Sehenswürdigkeit, die Mariengrotte in der Südwand des Falkensteins.
Die Falkensteinrunde Vom Parkplatz bei der Talstation der Breitenbergbahn (bzw. von der Bahnstation Pfronten-Steinach folgen wir kurz der Bundesstraße in Richtung Vils. Bereits nach 200 Metern biegen wir links ab und entdecken bereits die ersten Wegweiser zu unserem Ziel: »Mariengrotte« und »Falkenstein«. Wir queren die Bahnlinie und die Vils und treffen auf einen Sandweg. Auf diesem kurz nach links, dann sogleich rechts auf den ausgeschilderten Pfad, der den Südanstieg zum Falkenstein vermittelt. Bald folgt eine Weg-

kreuzung, wo wir uns geradeaus halten. Der bisweilen steile Anstieg durch die Südflanke des Falkensteins wechselt mit fast ebenen Passagen ab. Dann zweigt der schmale und steile Steig zur Schlossangeralp ab, den wir jedoch ignorieren, wollen wir doch vorher erst zur Burgruine hinauf. Wir folgen weiter dem Weg zur Burgruine, steigen durch Wald weiter an und sehen bald die Südwand des Falkensteins vor uns. Haben wir diese erreicht, folgen wir ihrem Wandfuß rechts weiter und gelangen so zur Mariengrotte, die sich unter einem überhängenden Wandteil befindet. Bei der hier im Jahre 1889 aufgestellten Madonna gibt es einen schönen Rastplatz mit freiem Blick. Dann folgen wir dem linken Weg hinauf zur Burggaststätte. Ein gut ausgebauter Steig mit vielen Stufen und gesichert mit einem Geländer leitet uns von dort hinauf zur Burgruine Falkenstein. Den Abstieg nehmen wir nun über die Schlossangeralp. Neben der Terrasse des Burghotels führt ein serpentinenreicher Steig durch Wald nach Norden hinab. Am unteren Waldrand halten wir uns rechts und erreichen so eine Teerstraße. Auf dieser nun links und über den Parkplatz der Schlossangeralp. Unser Wegweiser »Zum Manzengrat« leitet uns nun durch eine Wiese zum Waldrand. Wir folgen dort dem rechten Weg über den Manzengrat und steigen dann in steilen Serpentinen ins Vilstal hinab zum Gasthaus Manzenstüble und weiter bis zum Talgrund. Zunächst am Mühlbach, dann an der Vils entlang zurück zum Ausgangspunkt.

Variante Wir können auch zum Berghotel Schlossangeralp hinauffahren. Von dort führt ebenfalls ein Wanderweg zur Burgruine. Hin- und Rückweg 1.30 Std.

Einkehr/Übernachtung

■ **Burghotel und Restaurant Falkenstein** (1220 m) mit Kiosk; nahezu ganzjährig bewirtschaftet.
Tel. 0 83 63/91 45 40.

■ **Berghotel Schlossangeralp** (1100 m); nahezu ganzjährig bewirtschaftet,
Tel. 0 83 63/91 45 50.
Zufahrt zum Hotel möglich.

■ **Gasthaus Manzenstüble** (900 m), im Pfrontener Ortsteil Ösch; nahezu ganzjährig bewirtschaftet.

Bild oben: Pfronten ist Ausgangspunkt für viele Wanderungen.

7

Ruine Eisenberg und Ruine Hohen-Freyberg

Eine Runde um zwei eindrucksvolle historische Stätten

Anfahrt

■ **Auto** Auf der B 310 von Füssen oder Nesselwang in Richtung Pfronten, dann weiter in Richtung Eisenberg und Seeg. Nach etwa 2,3 km links in das Dorf Zell (902 m), unserem Ausgangspunkt. Durch den Ort, bis wir nach 300 m rechts auf den Wanderparkplatz stoßen.
■ **Bahn/Bus** Mit der Bahn bis Pfronten oder Füssen, dann mit dem Bus weiter bis Zell.

Höchster Punkt Eisenberg, 1055 m

■ **Talort** Pfronten, 853 m.
■ **Gehzeiten** Für die kleine Runde 1 Std.; für die große Runde knapp 3 Std.
■ **Anforderungen** Leichte Wanderungen auf Wirtschaftswegen, verkehrsfreien Sträßchen und Wanderwegen.
■ **Höhenunterschied** 335 m im Auf- wie im Abstieg.
Alter Ab 4 Jahren.
■ **Karte** Topographische Karte 1 : 50 000 Füssen und Umgebung (BLVA).

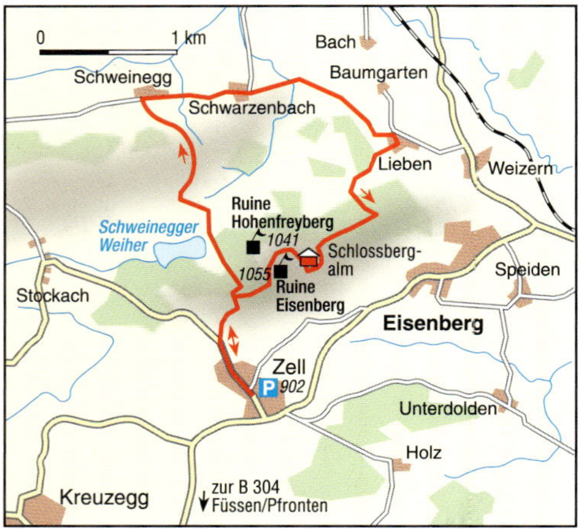

Die beiden mächtigen Burgruinen Hohen-Freyberg und Eisenberg – unübersehbar vor den Toren Pfrontens gelegen – gehören zu den ältesten mittelalterlichen Wehrbauten, die das Allgäu noch aufzuweisen hat. Beide Burgen wurden im Dreißigjährigen Krieg von den österreichischen Besatzern zerstört, um den anrückenden Schweden keine befestigten Stützpunkte zu bieten. Während die Ruine Hohen-Freyberg mit ihren mächtigen Türmen einem romantischen Schicksal entgegendämmert, also dem Verfall preisgegeben ist, wurde die Ruine Eisenberg in den 80er-Jahren des letzten Jahrhunderts zum Teil restauriert. Je nachdem, wie viel Zeit wir einplanen können, bietet sich für die Wanderung zu den Burgruinen eine kleine und eine große Runde an. Ganz Eilige können natürlich auch bis zur Schlossbergalm hinauffahren und die Wanderung von dort beginnen. In der über 100 Jahre alten Alm, eigentlich einem früheren Bergbauern, können wir das ganze Jahr über einkehren, ganz egal welche Route wir nehmen. Im Sommer weidet hier oben auch Vieh aus den Dörfern unterhalb.

Die kleine Runde Im kleinen Ort Zell – falls wir mit dem Bus gekommen sind, ansonsten starten wir am Wanderparkplatz – wandern wir am Burghotel Bären, an Kirche und Burgenmuseum vorbei und aus dem Ort hinaus zum Wanderparkplatz. Dort halten wir uns rechts und wandern durch Wald hinauf zu den beiden Burgen. Wir erreichen diese in der Einsenkung zwischen beiden. Zuerst statten wir der links von uns gelegenen, der Ruine Hohen-Freyberg einen Besuch ab, dann wandern wir hinüber zur teilweise

restaurierten Burgruine Eisenberg (eine Info-Tafel gibt Auskunft über die Geschichte der Burg). Wir kehren anschließend wieder zurück in die Einsenkung und folgen dem geradeaus führenden Weg in einem Rechtsbogen hinab zur Schlossbergalm. Dort leitet uns das Fahrsträßchen zurück nach Zell.

Die große Runde Vom Wanderparkplatz bei Zell folgen wir dem Teersträßchen in Richtung der Burgen (Wegweiser »Schweinegg«, »Eisenberg«) durch Wiesen zum Waldrand, dann in den Sattel hinauf, von dem der Zugang zu den Burgen rechts abzweigt. Hier gehen wir jedoch geradeaus weiter und auf der anderen Seite des Sattels hinab durch Wald und ein Wiesental und links haltend zum Schweinegger Weiher. Nach einer kleinen Hütte treffen wir auf einen Wirtschaftsweg, dem wir folgen, bei der nächsten Wegverzweigung dann rechts und zu den Höfen von Schweinegg. Dort führt uns ein schmales Teersträßchen nach rechts zum Weiler Schwarzenbach. Am Ortsende folgen wir rechts dem Wegweiser nach »Lieben«, wo uns weitere Wegweiser zu den beiden Burgruinen hinaufleiten. Zuvor erreichen wir aber die Schlossbergalm, wo wir endlich einkehren können. Hinter der Alm führt ein Teerweg weiter, dann links auf Wanderweg hinauf auf den Sattel, der die beiden Burgruinen miteinander verbindet. Nun jeweils links bzw. rechts zu den Gemäuern weiter. Für den Abstieg ins Tal kehren wir zu diesem Sattel zurück und folgen von dort dem Wegweiser hinab nach Zell.

Variante Für Kurzausflügler bietet sich die Auffahrt zur Schlossbergalm an; von dort ist es nur ein kleiner Spaziergang zu den Burgruinen.

Einkehr

■ **Schlossbergalm** (985 m), privat, ganzjährig bewirtschaftet, Mitte November bis Mitte Dezember geschlossen, Montag Ruhetag. Tel. 0 83 63/17 48.
■ **Gockelwirt** in Eisenberg, ganzjährig bewirtschaftet.
■ **Burghotel Bären** in Zell, ganzjährig bewirtschaftet.

Unser Tipp

In Zell befindet sich ein kleines Burgenmuseum (Dorfstraße 12), das Aufschluss über die Ausgrabungen an den beiden Burgruinen gibt. Öffnungszeiten nur am Wochenende bzw. an Feiertagen von 13–16 Uhr.

Bild oben: Das Dorf Zell mit den Burgruinen.

Bild linke Seite: Und nach der Tour ein Abstecher zum Schwaltenweiher.

8

Edelsberg und Kappeler Alpe

Mit Deutschlands längstem Sessellift bergwärts

Anfahrt

■ **Auto** Auf der A 7 über Kempten oder über Marktoberdorf bzw. über Füssen nach Nesselwang und dort zur Talstation der Alpspitzbahn (900 m; ausgeschildert), dort gebührenfreier Parkplatz.

■ **Bahn/Bus** Über Kempten mit der Bahn nach Nesselwang; von dort zu Fuß zur Talstation der Alpspitzbahn.

Höchster Punkt Edelsberg, 1630 m

■ **Talort** Nesselwang, 867 m.

■ **Bergbahn** Die Alpspitzbahn (900–1511 m) ist ein Einsitzer-Schwebelift. Während der Wandersaison ist der Lift von Mitte Mai bis Allerheiligen von 9–17 Uhr (im Hochsommer bei Bedarf auch länger) in Betrieb. Tel. 0 83 61/12 70.

■ **Gehzeiten** Gipfelrunde über den Edelsberg knapp 2 Std.; Übergang zur Kappeler Alpe 30 Minuten; Abstieg über Maria Trost zur Talstation 1.30 Std. Gesamtgehzeit: 4 Std.

■ **Anforderungen** Leichte Bergwanderwege bzw. Wirtschaftswege; im Gipfelbereich des Edelsbergs Trittsicherheit erforderlich; kleine Kinder evtl. an die Reepschnur.

■ **Höhenunterschied** 130 m im Aufstieg, 730 m im Abstieg.

■ **Alter** Ab 4 Jahren.

■ **Karte** Topogr. Karte 1:50 000 Füssen und Umgebung (BLVA).

Unser Tipp

An der Bergstation der Alpspitzbahn befindet sich mit einer Abfahrtsstrecke von 1000 Metern die längste Sommerrodelbahn des Allgäus.

Der Edelsberg über Nesselwang ist ein grandioser Aussichtsberg, von dem aus wir wegen seiner Randlage in Richtung Süden Hunderte von Gipfeln erspähen können. Tief unter uns liegt das Alpenvorland mit den zahllosen großen und kleinen Seen der Allgäuer Seenplatte. Manche Kinder mag das nicht so arg interessieren, wohl aber die Tatsache, dass der nur kurze Aufstieg mit einer langen Fahrt mit dem Sessellift beginnt, die Kinder ja wohl nur ungerne ausschlagen. Zudem weiden bis in Gipfelnähe die Kühe und Jungrinder und an der Bergstation gibt es ja auch gleich das Alpspitzstüberl mit viel Auslauf. Für den Abstieg bietet sich dann der Schlenker über die reizvolle Kappeler

Auf der Kappeler Alpe können wir auch übernachten.

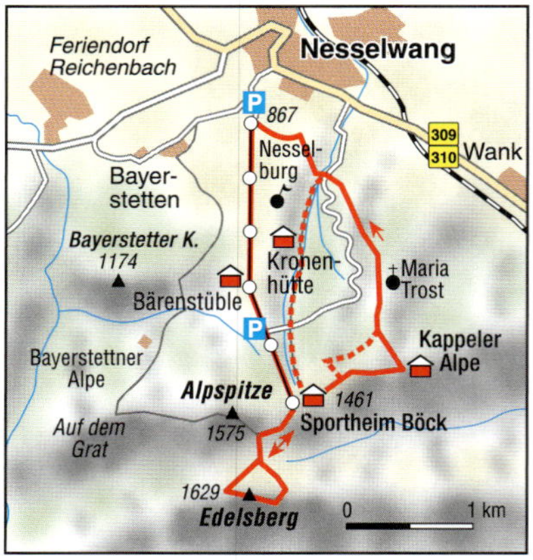

Alpe an. Nicht weniger interessant ist der direkte Weg abwärts, der uns durch die Mühlbachschlucht führt und mit Abstechern zur Kronenhütte und zur Ruine der Nesselburg angereichert werden kann.

Der Aufstieg zum Edelsberg Von der Bergstation des Sessellifts schlendern wir die wenigen Höhenmeter hinab zum Alpspitzstüberl. Dort weisen uns Wegweiser in Richtung Edelsberg. Auf einem Bergwanderweg erreichen wir bald die Einsattelung zwischen der Alpspitze und dem Edelsberg, dann halten wir uns links und steigen über die Weidehänge und durch Wald hinauf zum Gipfel. Wir überschreiten diesen und wandern wieder hinab zum Alpspitzstüberl.

Die Abstiegsroute Beim Alpspitzstüberl halten wir uns kurz in Richtung Sportheim Böck, wo wir am Waldrand auf zahlreiche Wegtafeln treffen. Hier folgen wir dem rauen Wirtschaftsweg (Mark.-Nr. 42) erst durch Wald, dann immer in Nähe des Kammes in Richtung Osten. Der Weg verengt sich zuletzt, dann erreichen wir die aussichtsreich gelegene Kappeler Alpe. Dort zweigt der ausgeschilderte Wanderweg zur Wallfahrtskirche Maria Trost ab. Durch Wald auf stufenreichem Weg hinab (Wegweiser »Alpspitzbahn-Parkplatz«), an dieser vorbei und auf dem Kreuzweg weiter hinab zu einem Sträßchen. Dank zahlreicher Wegweiser verlaufen wir uns trotz der vielen Verzweigungen entlang der Route nicht. Wir queren den Mühlbach und gelangen über das Gasthaus Sonnenbichl zur Talstation der Alpspitzlifte.

Variante Falls wir die Kappeler Alpe auslassen und direkt nach Nesselwang absteigen wollen, können wir die Mühlbachschlucht besuchen. Bei den Wegtafeln vor dem Sportheim Böck folgen wir dem Fahrweg gerade hinab, queren die Zufahrtsstraße zur Kronenhütte und wandern dann in das felsige Bachtal hinab. Mit langen Holztreppen und Holzstegen wurde die Schlucht begehbar gemacht. Weiter unten trifft unser Weg wieder auf die Abstiegsroute von Maria Trost.

Einkehr/Übernachtung

■ **Bärenstüble** (1120 m), bei der Mittelstation des Sessellifts, ganzjährig bewirtschaftet.

■ **Sportheim Böck** (1461 m), privat, Nähe Bergstation, ganzjährig bewirtschaftet., 30 Betten, Übernachtung jedoch nur nach Voranmeldung; Tel. 0 83 61/31 11.

■ **Alpspitzstüberl** (1470 m), bei der Bergstation der Alpspitzbahn.

■ **Kappeler Alpe** (1350 m), privat, ganzjährig bewirtschaftet, Donnerstag Ruhetag, 25 Lager, kleiner Kinderspielplatz; Tel. 0 83 61/32 53.

■ **Kronenhütte** (1120 m), privat, ganzjährig bewirtschaftet, 16 Betten, Übernachtung nur nach Voranmeldung; Tel. 0 83 61/31 70

BIld oben: Freier Blick von der Kappeler Alpe auf Pfronten und Umgebung.

Bild S.34/35: Das Rubihorn ist einer der markantesten Berggipfel der Allgäuer Alpen. Mit Kindern ab 12 Jahren ist er über das Gaisalptal machbar.

Allgäuer Alpen

9 Von Tannheim auf das Neunerköpfle

Abstiegsrunde mit Blick auf die Tannheimer Berge

Anfahrt

■ **Auto** Über Sonthofen und den Oberjochpass bzw. von Pfronten über Grän nach Tannheim. Die Talstation der Vogelhornbahn (1130 m) liegt am östlichen Ortsende; dort gebührenpflichtiger Parkplatz.
■ **Bahn/Bus** Tannheim ist mit dem Bus von Sonthofen oder von Reutte erreichbar (Haltestelle »Tannheim-Neunerköpfle«).

Höchster Punkt Neunerköpfle, 1864 m

■ **Talort** Tannheim, 1097 m.
■ **Bergbahn** Die Vogelhornbahn ist eine 8er-Einseilumlaufbahn und verbindet den Talort Tannheim (1100 m) mit der Bergstation (1810 m) am Neunerköpfle. Betriebszeiten: Mai und Oktober an schönen Wochenenden, Ende Mai bis Allerheiligen durchgehend. Tel. 00 43/56 75/62 60.
■ **Gehzeiten** Von der Bergstation zum Neunerköpfle 10 Min.; Abstieg über die Usseralpe zur Talstation 2 Std.
■ **Anforderungen** Leichte Abstiegswanderung auf breiten Wanderwegen.
■ **Höhenunterschied** 50 m im Aufstieg, 700 m im Abstieg.
■ **Alter** Ab 4 Jahren.
■ **Karte** Topogr. Karte 1 : 50 000 Füssen und Umgebung (BLVA).

Unser Tipp In Tannheim gibt es ein Hallenbad. Wir können jedoch auch mit dem Bus zum Vilsalpsee fahren, dort gibt es einen Badestrand und einen Bootsverleih. Achtung: Das Wasser erwärmt sich aber selbst im Hochsommer kaum auf 20° C. Siehe auch Tour 10.

Im benachbarten Tannheimer Tal – das in der Eigenwerbung als »eines der schönsten Hochtäler Europas« apostrophiert wird, gibt es nahezu 30 bewirtschaftete Hütten und Almen, zwei Gondelbahnen und zwei Sessellifte. Wir nehmen uns heute die erst vor wenigen Jahren errichtete Vogelhornbahn zum Neunerköpfle vor, die den alten Sessellift abgelöst hat. Wir starten unsere Wanderung also auf der Höhe, kehren zuvor aber in der Gundhütte direkt bei der Bergstation ein, wo wir uns auf der Terrasse noch stärken können, während die Kinder den Spielplatz daneben auf seine Tauglichkeit prüfen.

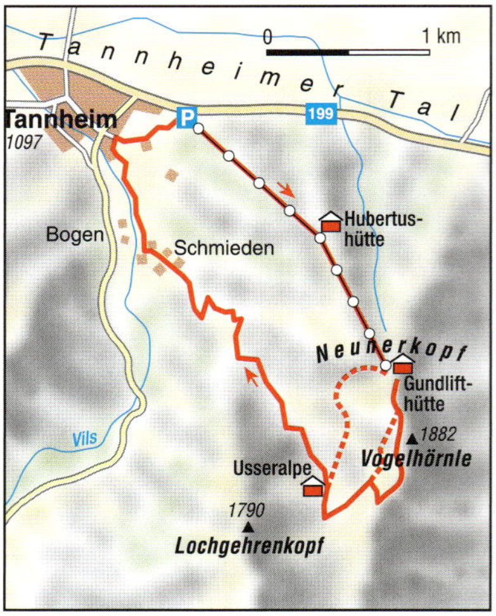

Aufstieg zum Neunerköpfle Von der Bergstation der Gondelbahn (1820 m) bzw. von der Gundhütte wandern wir auf breitem Weg zunächst rechts um das Neunerköpfle herum, dann auf der Rückseite des aussichtsreichen Gipfels auf breitem Weg durch die felsige Flanke hinauf zum höchsten Punkt. Dort oben genießen wir dann das traumhafte Panorama, das von den Felsgipfeln der Tannheimer Berge im Nordosten bis zum Rauhhornzug des Allgäuer Hauptkammes im Westen reicht. Tief unter uns blinkt der Haldensee.

Der Abstieg über die Usseralpe Vom Gipfel gehen wir die wenigen Meter hinab zur Wegverzweigung unterhalb und wandern dann rechts haltend auf dem breiten Wanderweg durch lichten Wald und über Alpweiden in einer halben Stunde hinab zur Usseralpe. Dort erwarten uns hausgemachte Kuchen oder eine Brotzeit mit selbst gemachtem Käse und Buttermilch. Auch einen kleinen Spielplatz finden wir hier vor. Falls wir im Herbst hierher kommen: Am 21. September ist alljährlich der Almabtrieb. Anschließend wandern wir links haltend weiter hinab auf dem Forst- und Almweg (Mark.-Nr. 30a) zunächst weiter durch Alpwiesen, dann durch Wald hinab ins Tal. Wir erreichen das Dorf Schmieden, halten uns dort – noch vor Erreichen der Vils – rechts und folgen der Ausschilderung zurück zur Talstation der Gondelbahn.

Variante Für den Abstieg können wir auch die Route über die Hubertushütte nehmen, die dann am Bergfuß wieder auf die Abstiegsroute von der Usseralpe trifft.

Einkehr/Übernachtung

■ **Hubertushütte** (1486 m), privat, 24 Bettenlager, Öffnungszeiten im Sommer auf Anfrage; Tel. 00 43/56 75/60 03.

■ **Gundhütte** (1810 m), privat, nahezu ganzjährig bewirtschaftet, während der Wandersaison zwischen Mai und Oktober keine Übernachtung; Tel. 00 43/676/4 11 14 49 oder 00 43/56 75/51 60.

■ **Usseralpe** (1665 m), von Mitte Mai bis Ende Oktober einfach bewirtschaftet; Tel. 00 43/67/5 12 91 90.

Bild oben: Die Gundhütte bei der Bergstation der Vogelhornbahn am Neunerköpfle.

Bild linke Seite: Begegnungen am Wegesrand. Wer betrachtet hier wen?

10

Vilsalpsee und Landsberger Hütte

Drei reizvolle Bergseen und eine gemütliche Hütte

Anfahrt

■ **Auto** Über Sonthofen und den Oberjochpass bzw. von Pfronten über Grän nach Tannheim. Von dort der Ausschilderung zum Vilsalpsee folgen. Großer, gebührenpflichtiger Parkplatz am Vilsalpsee (1170 m). Hinweis: Die Anfahrt zum See muss vor 10 Uhr oder nach 17 Uhr erfolgen (Rückfahrt jedoch jederzeit möglich), ansonsten muss man den Bus von Tannheim nehmen.
■ **Bahn/Bus** Tannheim ist mit dem Bus von Sonthofen erreichbar. Von dort fährt ein Pendelbus bis zum Ausgangspunkt am Vilsalpsee.

Bild rechte Seite: Idylle am Vilsalpsee.

Höchster Punkt Landsberger Hütte, 1810 m

■ **Talort** Tannheim, 1097 m.
■ **Gehzeiten** Vom Vilsalpsee über den Traualpsee zur Landsberger Hütte 2.30 Std., Abstieg 2 Std.; insgesamt 4.30 Std. Für die Umrundung des Vilsalpsees benötigt man etwa 1.30 Std.
■ **Anforderungen** Der Anstieg zur Landsberger Hütte zunächst auf Almfahrweg, dann streckenweise steiler Bergsteig; Trittsicherheit erforderlich (Drahtseilsicherungen), also nur mit größeren Kindern ab 10 Jahren sinnvoll.
■ **Höhenunterschied** 640 m (Auf- und Abstieg).
■ **Alter** Zur Landsberger Hütte ab 8 Jahren; die Vilsalpseerunde für jedes Alter geeignet.
■ **Karte** Topographische Karte 1:50 000 Füssen und Umgebung (BLVA).

Heute machen wir einen Abstecher in den Tiroler Teil der Allgäuer Alpen und fahren ins Tannheimer Tal. Selbst wenn wir keine große Wanderung unternehmen wollen, lohnt sich allein schon der Talschluss der Vils, der zu den schönsten Naturlandschaften der Allgäuer Alpen gehört und von Gaishorn, Kugelhorn und Rauhhorn im Westen begrenzt wird. Im Süden bilden das Geierköpfle und die Rote Spitze den Abschluss. Zu geregelten Zeiten kann der Vilsalpsee mit dem PKW angefahren werden. Kinder haben aber sicher nichts dagegen, mit der Bimmelbahn »Alpen-Express« dorthin zu gelangen. Etwas teuerer, aber auch sehr unterhaltsam, ist man mit der Pferdekutsche auf dieser Strecke unterwegs. Für Kurzausflügler lohnt die Umrundung des Vilsalpsees, die auch mit Kinderwägen unternommen werden kann. Am Anfang wie am Ende des Sees erwarten uns dann reizvolle Einkehrmöglichkeiten sowie ein Badestrand mit Bootsverleih. Das Wasser erwärmt sich selbst im Hochsommer kaum auf 20 °C. Haben wir mehr Energie zur Verfügung, starten wir die Wanderung über den Traualpsee hinauf zur Landsberger Hütte und belohnen uns mit einem romantischen Hüttenabend. Die mehrmals erweiterte Hütte hat dank ihres massiven Holzaufbaus nicht ihre charakteristische Gestalt und ihren Charme verloren.

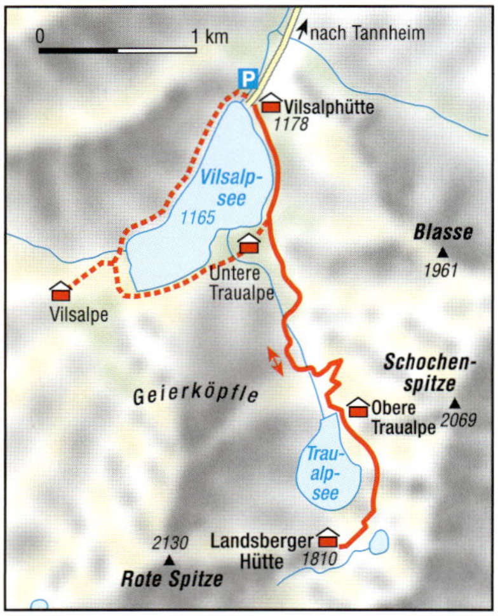

Die Route Vom großen Parkplatz am Nordende des Vilsalpsees gehen wir am Gasthaus Vilsalpsee vorbei und folgen dem breiten Wirtschaftssträßchen am Ostufer des Sees. Nach einer

guten Viertelstunde zweigt unser Anstiegsweg (Mark.-Nr. 425) zur Landsberger Hütte bei einer Jagdhütte links ab. Durch lichten Fichtenwald steigen wir auf teilweise gestuftem Steig bergan. Dann queren wir einen Bach, verlassen das untere Waldstück, passieren ein paar reizvolle Wasserfälle und steigen in zahlreichen Serpentinen hinauf zur Oberen Traualpe (1649 m). Über den Traualpsee (ein künstlich angelegter See zur Stromerzeugung) hinweg erkennen wir bereits unser Ziel, die Landsberger Hütte. Über die flachen Alpmatten geht es dann weiter. Über einen felsdurchsetzten Riegel führt unser Steig nun (drahtseilgesichert) hinauf zur Alpenvereinshütte, die in herrlicher Lage von der Lachenspitze und der Roten Spitze flankiert wird. Etwas unterhalb blinkt die so genannte Lache herauf, das dritte stille Gewässer auf unserer Route. Ein Platz zum Träumen!

Variante Der Vilsalpsee lässt sich bequem auf gut ausgebautem, breitem Weg umrunden. Bis zur Vilsalpe (1178 m) können wir sogar mit dem Kinderwagen fahren. Und es gibt dort auch Brotzeiten, Suppen und Milch. Gehzeit: einfacher Weg eine knappe Stunde.

Einkehr/Übernachtung

- **Vilsalphütte** (1178 m), privat, von Mai bis Oktober bewirtschaftet.
- **Vilsalpe** (1178 m), privat von Pfingstsamstag bis Ende Oktober bewirtschaftet; Tel. 00 43/56 75/63 27.
- **Obere Traualpe** (1460 m), von Mai bis Oktober bewirtschaftet.
- **Untere Traualpe** (1170 m), im Sommer bewirtschaftet.
- **Landsberger Hütte** (1810 m), Alpenvereinshütte, 30 Betten, 140 Lager, bewirtschaftet von Pfingsten bis Mitte Oktober; Tel. 00 43/56 75/62 82.

11 Durch den Hirschbachtobel

Auf einem geologischen Wanderweg zur Hirschalpe

Anfahrt

■ **Auto** Auf der A 7 bis Ausfahrt Oy-Mittelberg und weiter auf der B 310/B 308 nach Oberjoch (dort verschiedene gebührenpflichtige Parkplätze, z. B. an der Abzweigung ins Tannheimer Tal). Oder über die Oberjoch-Passstraße hinab nach Hindelang. Parkplatz am Ortseingang von Hindelang. Ausgangspunkt ist beim Gasthof Letzter Heller.

■ **Bahn/Bus** Mit dem Allgäu-Schwaben-Takt bis Sonthofen, dann weiter mit Bus nach Hindelang bzw. nach Oberjoch.

Höchster Punkt Spieser, 1651 m

■ **Talort** Hindelang, 820 m.

■ **Gehzeiten** Von Hindelang durch den Hirschbachtobel zur Hirschalpe 2.30 Std.; Anstieg von Oberjoch 1.30 Std.; Gipfelrunde über den Spieser 1.30 Std.; Abstieg nach Oberjoch 0.45 Std.; insgesamt: 4.45 Std.

■ **Anforderungen** Der Weg durch den Hirschbachtobel erfordert Trittsicherheit (Drahtseilsicherungen); nicht bei Nässe begehen. Der Weg von Oberjoch ist leicht, teils Wirtschaftssträßchen, teils aussichtsreiche Wanderwegen.

■ **Alter** Durch den Hirschbachtobel ab 8 Jahren; über den Anstieg von Oberjoch auch schon ab 5 Jahren.

■ **Höhenunterschied** 831 m im Auf- wie im Abstieg; falls wir nach Oberjoch (1136 m) hinabwandern, nur 515 m.

■ **Karte** Topogr. Karte 1:50 000 Allgäuer Alpen (BLVA).

Nachdem wir in Hindelang bereits eine von drei Hammerschmieden, eine Schaukäserei und einen Badeaufenthalt im Hochmoorbad in Oberjoch hinter uns haben, sind wir dem Wandern nicht abgeneigt. Die Hirschalpe und der Spieser darüber sind zwei sehr unterschiedliche, aber auch sehr lohnende Ziele. Das erste gewinnen wir auf einem vorbildlich angelegten geologischen Lehrpfad, der uns Einblicke in die Gesteinsbildung gibt, denn der Hirschbachtobel gilt in den Allgäuer Alpen als Ausnahmeerscheinung. Zudem passieren wir auf dieser Route eine wilde Berglandschaft mit Gumpen und Wasserfällen. Beim Anschlussziel steigen wir hinauf auf einen leicht erreichbaren Aussichtsgipfel und genießen einen Panoramablick auf die Allgäuer Alpen. Zwei Routen sind dort hinauf möglich. Sind die Kinder noch

In Hindelang gibt es noch drei historische Hammerschmieden.

klein, werden wir die Route von Oberjoch angehen, für die älteren empfiehlt sich auf alle Fälle der Anstieg von Hindelang.

Durch den Hirschbachtobel zur Hirschalpe Von der Hirschbachbrücke am östlichen Ortsrand von Hindelang folgen wir den Wegweisern in den bewaldeten Tobel hinein. Zunächst geht es am Hirschbach entlang. Einige Stege, Treppen und gesicherte Wegabschnitte bürgen für einen abwechslungsreichen Wegverlauf, wobei der geologische Lehrpfad zuweilen vom normalen Weg abzweigt. Nach einer halben Stunde sind wir im Innersten des Tobels angelangt, das durch einen großen Wasserfall abgeschlossen wird. Über steile Kehren geht es nun rechts durch die wilden Felsflanken der Krähenwand hinauf (Achtung, nicht bei Nässe begehen!). Bald zweigt dann rechts der direkte Weg zur Hirschalpe ab, die wir dann über einen leicht bewaldeten Bergrücken und Bergwiesen erreichen.

Kleine Gipfelrunde Dieser kleine Abstecher bildet den zweiten Höhepunkt unserer Wanderung. Denn von dort oben können wir dann ein Panorama genießen, das alle bedeutenden Gipfel der Allgäuer Alpen umfasst. Von der Hirschalpe folgen wir zunächst dem Bergweg, der uns in den Sattel zwischen Jochschrofen und Spieser führt. An diesem links und über den locker bewaldeten Südosthang hinauf zum Gipfel des Spiesers, den ein hölzernes Gipfelkreuz ziert. Jenseits dann durch vereinzelte Bäume auf dem Südwestgrat hinab, links um einen Rücken mit Kreuz herum und zurück zur Hirschalpe.

Einkehr/Übernachtung

■ **Hirschalpe** (1493 m), nahezu ganzjährig bewirtschaftet, November, April und die ersten Maiwochen geschlossen. Tel. 01 75/2 07 89 61.

■ **Gasthäuser** in Hindelang und in Oberjoch.

Bild oben: Die Hirschalpe ist die einzige Einkehrstation auf unserer Wanderung, dafür ist sie aber nahezu ganzjährig bewirtschaftet.

12 Aufs Imberger Horn

Auf den Hausberg der Hindelanger

Anfahrt

■ **Auto** Auf der B 308 von Sonthofen. Am Ortsanfang rechts auf der Ostrachstraße weiter in Richtung Hinterstein, wo sich bald auf der rechten Seite die Talstation (850 m) der Hindelanger Hornbahn befindet; dort gebührenpflichtiger Parkplatz. Oder Anfahrt über A 7 bis Ausfahrt Oy-Mittelberg und über Oberjoch nach Hindelang.
■ **Bahn/Bus** Mit dem Allgäu-Schwaben-Takt bis Sonthofen, dann weiter mit Bus nach Hindelang. Von dort zehn Minuten zu Fuß zur Talstation der Hornbahn.

Höchster Punkt Imberger Horn, 1656 m

■ **Talort** Hindelang, 820 m.
■ **Bergbahn** Die Hindelanger Hornbahn (8er-Gondelbahn) überwindet von der Talstation bis zur Bergstation einen Höhenunterschied von 470 m und ist von 9–16.30 Uhr in Betrieb. Tel. 0 83 24/24 04.
■ **Gehzeiten** Von der Bergstation der Hornbahn zum Imberger Horn 1.30 Std.; Rückweg zur Bergstation 1 Std.; Abstieg über das Horn-Café ins Tal 2 Std.; insgesamt 4.30 Std.
■ **Anforderungen** Leichte Bergwanderung auf überwiegend breiten Wegen. Steiler Gipfelanstieg zum Imberger Horn (eine seilgesicherte Stelle), also Vorsicht.
■ **Alter** Ab 4 Jahren mit der Bergbahn; bei Abstieg ins Tal ab 6 Jahren.
■ **Höhenunterschied** 340 m im Aufstieg zum Imberger Horn; 840 m im Abstieg ins Tal.
■ **Karte** Topographische Karte 1 : 50 000 Allgäuer Alpen (BLVA).

Dank seiner zentralen Lage genießen wir vom Imberger Horn aus herrliche Blicke auf den Allgäuer Hauptkamm, nach Oberjoch und auf den Grünten. Zudem gilt das Imberger Horn auch als Blumenparadies, also gibt es auch botanisch viel zu sehen. Die schnelle Auffahrt bewältigen wir mit der ersten 8er-Gondel-Umlaufbahn Deutschlands, legen beim Berggasthof Gletscherspalte noch einen Spielstopp ein, dann wandern wir auf gutem Weg hinauf zum Gipfel.

Der Aufstieg zum Imberger Horn Von der Bergstation der Hornbahn (1320 m) und dem Berggasthof nebenan mit dem ulkigen Namen Gletscherspalte (weit und breit kein Gletscher) folgen wir

Blick vom Imberger Horn über das Ostrachtal auf den Grünten.

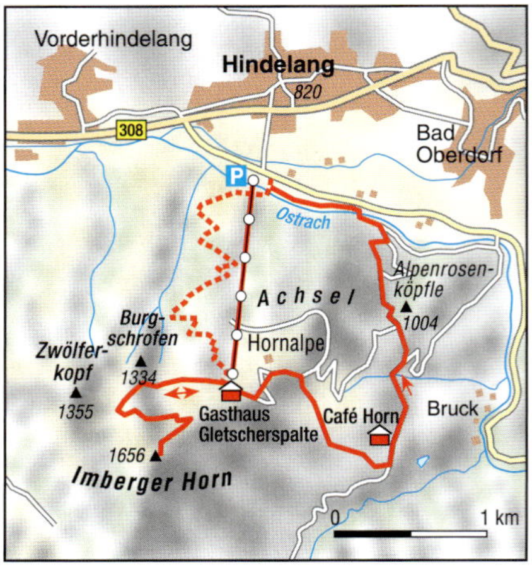

nun dem Wegweiser »Imberger Horn« und nehmen den Steig hinauf zur breiten Forststraße, der wir ein Stück nach rechts – am Gipfelfuß entlang – folgen, bis sich der Weg plötzlich verengt. Hier zweigt links der ausgeschilderte Steig zum Imberger Horn ab. Auf schmalem Pfad nun zu Beginn mäßig durch lichten Wald, dann über teilweise steile, mit Fels durchsetzte Hänge (Drahtseile) und in kurzen, steilen Kehren hinauf auf den Südostgrat. Auf dem schmalen Kamm weiter, links um den Gipfel herum und hinauf zum Gipfelkreuz.

Der Abstieg ins Tal Wir wandern vom Gipfel des Imberger Horns auf dem Anstiegsweg wieder hinab zur Bergstation der Hornbahn, kehren im Berggasthaus Gletscherspalte ein und genießen noch einmal die Aussicht aufs Hindelanger Tal. Dann halten wir uns auf dem breiten Weg hinab zur bereits sichtbaren Hornalpe (wobei wir die Kehren etwas abkürzen können). Wir nehmen den Steig, der rechts vom Alpfahrweg in den Südhang abzweigt und mit schönen Blicken ins Hintersteiner Tal hinab zum Berggasthaus Café Horn führt. Kurz auf dem Alpsträßchen abwärts, das vom Retterschwanger Tal nach Bad Oberdorf führt, bis links ein ausgeschilderter Fußweg abzweigt. Auf ihm kurz bergan durch Wald, dann links auf Forstweg vorbei am Alpenrosenköpfle. Unser Fußweg zweigt erneut links ab und auf schmalem Pfad geht es steil hinab (Wegweiser »Talstation Sesselbahn«) zur Ostrach. Links am Bach entlang, rechts über die Brücke und links am anderen Ufer zurück zur Bergbahntalstation.

Einkehr/Übernachtung

- **Berggasthaus Gletscherspalte** (1320 m), bei der Bergstation der Hornbahn, ganzjährig bewirtschaftet; mit Spielplatz.
- **Berggasthaus Café Horn** (980 m), nahezu ganzjährig bewirtschaftet.

Unser Tipp Vom Parkplatz Grueb, südlich von Bad Oberdorf, können wir eine kurze Wanderung auf einem reizvollen Pfad entlang des Ehlesbaches zum Schleierfall unternehmen (Hin- und Rückweg 30 Minuten). Falls wir mehr Zeit haben, steigen wir noch hinauf zur Kanzelhütte und genießen den Tiefblick auf Hindelang.

Bild oben: Ein Ausflug zum Schleierfall bei Bad Oberdorf ist eine eigenständige kleine Wanderung.

13 Von Hinterstein zur Willersalpe

Zu einer urigen Alpe und zu den Felsen der Wilden Fräulein

Anfahrt

■ **Auto** Auf der A 7 bis zur Ausfahrt Oy-Mittelberg und dann weiter auf der B 310/B 308 über Oberjoch nach Hindelang und weiter nach Hinterstein; durch den Ort bis zum Ende der öffentlichen Fahrstraße beim großen, gebührenpflichtigen Wanderparkplatz Auf der Höh (885 m).
■ **Bahn/Bus** Mit dem Allgäu-Schwaben-Takt bis Sonthofen, dann weiter mit RVA-Bus über Hindelang nach Hinterstein.

Unser Tipp

Die Prinze-Gumpe – benannt nach Prinzregent Luitpold von Bayern, der hier vor Hundert Jahren häufig zur Jagd und zur Kur weilte – in der Ortsmitte von Hinterstein erwartet uns mit einem kleinen Natursee mit Terrasse und Einkehrmöglichkeit. Der Eintritt ist frei.

Höchster Punkt Willersalpe, 1459 m

■ **Talort** Hinterstein, 866 m.
■ **Gehzeiten** Von Hinterstein zur Willersalpe 3 Std.; Rückweg über den Wildfräuleinstein 2.30 Std.
■ **Anforderungen** Lange, aber leichte Tour. Almwege, Bergwanderwege und -pfade zu den Wilden Fräulein.
■ **Alter** Ab 6 Jahren.
■ **Höhenunterschied** 680 m im Auf- wie im Abstieg.
■ **Karte** Topogr. Karte 1:50 000 Allgäuer Alpen (BLVA).

Die Willersalpe liegt eingerahmt von Bschießer, Ponten und Gaißhorn auf einer Höhe von gut über 1400 Metern. Sie ist Startpunkt des botanisch sehr interessanten Jubiläumswegs, der über den Rauhhornzug zum Prinz-Luitpold-Haus führt. Doch die Willersalpe ist auch sonst eine ganz besondere Alpe, sie gehört zu den wenigen Sennhütten im Allgäu, die nicht mit modernen Fahrzeugen versorgt werden, der Alpbauer – eigentlich sind es drei Brüder – versorgt sich mit Haflinger, d. h., alles was auf der Alpe benötigt wird, muss heraufgetragen werden. Über 20 Kühe und etliches Jungvieh finden im Sommer hier oben ihr Auskommen. Es werden Butter und Bergkäse hergestellt. Die Wanderer werden mit Suppen, Brotzeit und Getränken versorgt. Und wer hier oben übernachten will, findet sogar einen Schlafplatz. Auf unserem Rückweg werden wir dann noch beim Wildfräuleinstein vorbeischauen, das ist ein eindrucksvoller Felsblock, in dem der Sage nach die »Wilden Fräulein« gehaust haben sollen. Über eine Holzleiter können wir dort dann deren ehemalige Gemächer erkunden, die sich in Felshöhlen befanden. Eine aufregende Abwechslung nach der langen Wanderung, die wir bereits hinter uns haben. Aussichtsreich geht es dann hinab in Richtung Hinterstein.

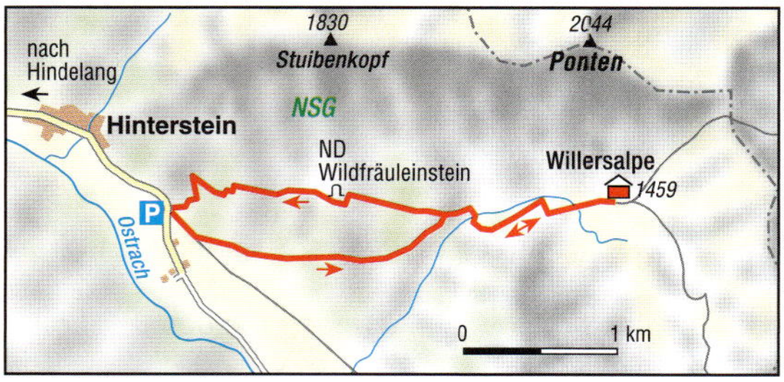

Anstieg zur Willersalpe Vom Parkplatz am oberen Ende von Hinterstein folgen wir kurz dem Fußweg in Richtung Giebelhaus, bis links der ausgeschilderte Wanderweg (Wegtafel: »Zur Willersalpe«) abzweigt. Wir wandern nun durch Bergwiesen bis zum so genannten Bachholz,

dann folgen wir weiter einem Forstweg durch Wald, bis links der Wanderweg (Mark.-Nr. 423) zur Willersalpe abzweigt. Nun in Nähe des Willersbaches steiler hinauf, bis wir auf den quer führenden Weg treffen, der vom Wildfräuleinstein treffen. Auf diesem nun rechts weiter, auf einem Steg über den Willersbach hinweg und in steilen Kehren durch Wald hinauf zu den Wiesen der Willersalpe, die in einem welligen Hochtal liegt. Nachdem wir den Waldrand verlassen haben, müssen wir noch ein paar Schritte laufen, bis dann unvermittelt die Alphütte vor uns steht.

Rückkehr über den Wildfräuleinstein Nach einem ausgiebigen Aufenthalt auf der Willersalpe kehren wir auf dem Anstiegsweg bis zur Abzweigung jenseits des Willersbaches zurück. Dort gehen wir dann geradeaus weiter auf leicht fallendem Wanderweg, bis wir nach etwa 20 Minuten ab der Wegverzweigung auf den Wildfräuleinstein stoßen. Hier machen wir natürlich ausgiebig Rast, erkunden den als Naturdenkmal ausgewiesenen Felsen und informieren uns anhand einer Tafel über die Sage, die dahintersteckt. Anschließend wandern wir auf gutem Pfad nahezu eben durch Wald weiter und erreichen nach einer halben Stunde den schönen Rastplatz am Köpfle, bevor es dann links über steile Serpentinen nach Hinterstein geht.

Einkehr/Übernachtung

■ **Willersalpe** (1459 m), privat, von Mai bis Oktober bewirtschaftet, 30 Lager; Tel. 01 71/993 98 47.

Souverän werden kleine Hindernisse gemeistert.

Bild oben: Die gemütliche Willersalpe.

14

Bärgündele und Prinz-Luitpold-Haus

Sprühende Wasserfälle und eine königliche Unterkunft

Anfahrt

■ **Auto** Auf der A 7 bis zur Ausfahrt Oy-Mittelberg und dann weiter auf der B 310/B 308 über Oberjoch nach Hindelang (bzw. hierher über Sonthofen) und weiter nach Hinterstein; durch den Ort bis zum Ende der öffentlichen Fahrstraße beim großen, gebührenpflichtigen Wanderparkplatz Auf der Höh (885 m).
■ **Bahn/Bus** Mit dem Allgäu-Schwaben-Takt bis Sonthofen, dann weiter mit Bus über Hindelang nach Hinterstein.

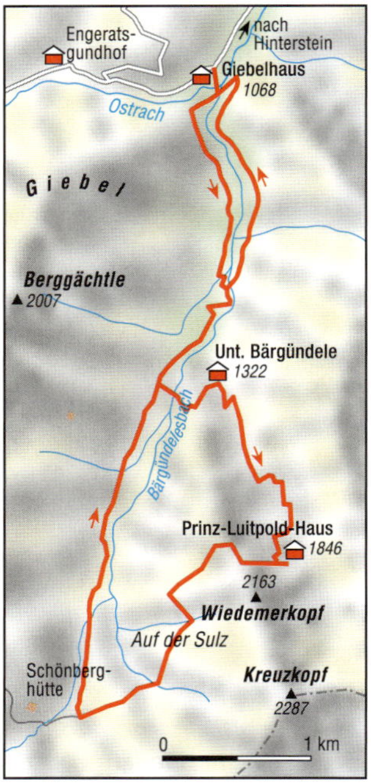

Höchster Punkt Prinz-Luitpold-Haus, 1846 m

■ **Talort** Hinterstein, 866 m.
■ **Ausgangspunkt** Giebelhaus (1065 m); Parkplatz Hinterstein mit dem Bus (zu Fuß 1.30 Std.).
■ **Gehzeiten** Zur Unteren Bärgündelealp 1.30 Std., Anstieg von dort zum Prinz-Luitpold-Haus 1.30 Std.; Abstieg übers Stierbachtal zum Giebelhaus 3 Std.; insg. 6 Std.
■ **Anforderungen** Lange Tour auf Alpfahr- und Bergwanderwegen.
■ **Alter** Zur Unteren Bärgündelealp ab 4, zum Prinz-Luitpold-Haus ab 10 Jahren.
■ **Höhenunterschied** 719 m im Auf- wie im Abstieg.
■ **Karte** Topogr. Karte 1:50000 Allgäuer Alpen (BLVA).

Hindelang ist bekannt für seine saubere, allergenfreie Luft, was sich auch im dortigen Kurbetrieb ausdrückt. Noch sauberer ist die Luft ein paar Meter weiter oben. Bei einem Besuch des Prinz-Luitpold-Hauses, das in den Jahren 1880/81 erbaut wurde und den Namen des bayerischen Prinzregenten trägt, lernen wir eine der größten Hütten in den Alpen kennen. Sie dient in der Regel als Stützpunkt für die Besteigung des Hochvogels, eines der berühmtesten Berge der Allgäuer Alpen. So weit wollen wir gar nicht kommen, uns genügt der Hüttenanstieg, der zu den abwechslungsreichsten im Allgäu gehört. Besonders reizvoll ist dabei das Bärgündele, das frei übersetzt »Bärenmulde« heißt und uns vor allem durch seine Quellbäche und seine kleinen Wasserfälle überrascht. Unterwegs treffen wir zudem auf ein besonderes Naturdenkmal: eine 2000 Jahre alte Eibe. Obwohl der Weg auf den ersten Blick lange erscheint, können wir ihn mit dem Pendelbus zum Giebelhaus abkürzen. Der Aufstieg über die reizvolle Bärgündelealp ist auch für kleine Kinder machbar. Der Anstieg zum Alpenvereinshaus werden wir allerdings nur mit größeren Kindern unternehmen. In Hüttennähe befinden sich ein Klettergarten sowie ein kleiner Bergsee. Beeindrucken wird uns auch der Wiedemerkopf, der über der Hütte aufragt, denn an diesem können wir augenfällig studieren, welche Kräfte bei der Faltung der Alpen am Werk waren.

Anstieg zum Prinz-Luitpold-Haus Vom Giebelhaus folgen wir der Ausschilderung zum »Luitpoldhaus«, queren die Ostrach und verlassen sofort danach den geteerten Wirtschaftsweg nach rechts. Dort fol-

gen wir dem Steig durch einen freien Hang – gegenüber erblicken wir den Täschlefalls –, der dann durch die locker bewaldete Nordostflanke des Giebels talein führt. Nach einer guten halben Stunde treffen wir wieder auf den Alpfahrweg, steigen in Kehren am Bärgundelesbach entlang höher und erreichen dann die Talstation des Materiallifts. Wir können jedoch bereits vorher links vom Weg abzweigen und auf einem Fußweg zum Bach hinabsteigen. Dann geht es jenseits in Kehren hinauf zur Unteren Bärgündelesalpe, wo wir im Sommer einkehren können. Falls wir auf dem Hauptweg bleiben wollen, achten wir weiter talein auf die Ausschilderung zur »Alpe Bärgündele«. Ein Wirtschaftsweg führt über eine Brücke über den Stierbach und hinauf zur Alpe. Von dort führt uns ein guter Steig weiter bergan, wobei wir ein paar Wasserfällen begegnen und Stege das Weiterkommen über steile Bäche erleichtern. Dann ist das Prinz-Luitpold-Haus erreicht.

Abstieg durch das Stierbachtal Von der Alpenvereinshütte folgen wir dann dem Weg zum Himmelecksattel (Mark.-Nr. 428) in südwestlicher Richtung, gehen dabei links um den Wiedemer herum, queren das Gebiet Auf der Sulz und wandern leicht fallend über Grashänge hinab, die den Abschluss des oberen Bärgündeletals bilden. Noch bevor wir den Stierbach erreichen, weist uns auf einer Höhe von 1607 Metern eine Tafel rechts hinab. In Kehren steigen wir über den Bachgries hinab, überqueren dann den Stierbach und erreichen bei der Pointhütte den Alpfahrweg, den wir bei unserem Aufstieg zur Prinz-Luitpold-Hütte verlassen haben. Auf dieser wandern wir dann gemütlich hinaus zum Giebelhaus und passieren dabei auch bald die jahrtausendealte Eibe.

Einkehr/Übernachtung

■ **Giebelhaus** (1065 m), privat, ganzjährig bewirtschaftet, keine Übernachtung.

■ **Untere Bärgündelealp** (1322 m), privat, während der Weidezeit einfach bewirtschaftet.

■ **Prinz-Luitpold-Haus** (1846 m), Alpenvereinshaus, 30 Schlafplätze in Mehrbettzimmern sowie etwa 230 Matratzenlager; bewirtschaftet von etwa 10. Juni bis etwa 10. Oktober; Tel. 01 71/623 34 17.

Für Kinder immer ein Erlebnis: Gämsen.

Bild oben: Das Prinz-Luitpold-Haus mit dem Wiedemerkopf.

15 Alpe Laufbichl und Schwarzenberghütte

Zur zweitgrößten Sennalpe Deutschlands

Anfahrt

■ **Auto** Auf der A 7 bis zur Ausfahrt Oy-Mittelberg und dann weiter auf der B 310/B 308 über Oberjoch nach Hindelang (hierher über Sonthofen) und nach Hinterstein; durch den Ort bis zum Ende der öffentlichen Fahrstraße beim großen, gebührenpflichtigen Wanderparkplatz (885 m).
■ **Bahn/Bus** Mit dem Allgäu-Schwaben-Takt bis Sonthofen, weiter mit Bus über Hindelang nach Hinterstein. Zwischen Hinterstein und dem Giebelhaus verkehrt ein Pendelbus. Wir können also von Hinterstein bis zur Haltestelle Schwarzenberghütte fahren, dort den Aufstieg beginnen.

Bilder Seite 49: Viehscheid im Hintersteiner Tal (oben) und Schwarzenberghütte (unten).

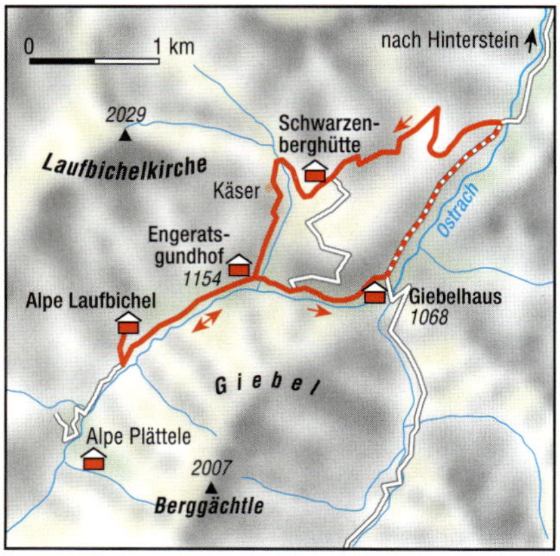

Höchster Punkt Käser, 1401 m

■ **Talort** Hinterstein, 866 m.
■ **Ausgangspunkt** Giebelhaus (1065 m); vom Parkplatz Hinterstein mit dem Bus dorthin (Abfahrt beim Parkplatz; zu Fuß 1.30 Std.). Der Bus verkehrt zwischen 8 und 18 Uhr.
■ **Gehzeiten** Vom Giebelhaus zur Schwarzenberghütte 0.45 Std. (Anstieg von der Brücke über die Ostrach 1 Std.; Bushaltestelle Schwarzenberghütte), Übergang von dort zur Alpe Laufbichel 1.30 Std.; Abstieg zum Giebelhaus 0.45 Std.; insgesamt etwa 3 Std.
■ **Anforderungen** Leichte Tour auf geteerten Alpfahrwegen und Bergwanderwegen. Vom Parkplatz Hinterstein lang, also besser mit dem Bus bis zum Giebelhaus bzw. bis zur Brücke über die Ostrach.
■ **Alter** Ab 4 Jahren.
■ **Höhenunterschied** 315 bzw. 185 m Auf- bzw. Abstieg.
■ **Karte** Topogr. Karte 1 : 50 000 Allgäuer Alpen (BLVA).

Die Allgäuer Alpen sind für ihre zahlreichen Alphütten und Käsereien bekannt. Unser heutiges Ziel ist die zweitgrößte unter ihnen, die Alpe Laufbichel. Auf unserem Weg dorthin machen wir Station in einer familienfreundlichen Alpenvereinshütte und mit etwas Glück begegnen wir auch Murmeltieren. Auf der Alpe Laufbichel erwarten uns dann über 50 Kühe, 30 Jungrinder und sogar 35 Schweine. Im Käsekeller reifen dort von Mitte Juni bis Mitte September rucksackgroße Käselaiber. 1300 Stück davon werden in einem Alpsommer produziert. Falls wir auf der Schwarzenberghütte übernachtet haben, bleibt noch genügend Zeit, um auch bei den anderen Alphütten vorbeizuschauen.

An unserem Anstiegsweg liegt dabei der Engeratsgundhof und oberhalb der Alpe Laufbichel die Alpe Plättele, bei der wir auch auf eine Brotzeit einkehren könnten. Nicht weit davon entfernt gibt es sogar einen reizvollen Wasserfall. Eingerahmt wird dieses Hochtal von der Daumengruppe, dem Lachenkopf, dem Salober und dem Berggächtle. Beim Abstieg machen wir dann noch Station im Giebelhaus. Dort treffen wir auf eine einzigartige Vogelstation. Bis September kann man dort mit dem Fernglas Adlern bei der Aufzucht ihrer Jungen zuschauen.

Anstieg zur Schwarzenberghütte Zwischen Hinterstein und dem Giebelhaus verkehrt ein Pendelbus. Wir können also von Hinterstein bis zur Haltestelle »Schwarzenberghütte« fahren und dort erst den Aufstieg beginnen. Oder zu Fuß: Vom Parkplatz »Auf der Höh« folgen wir zunächst dem ausgeschilderten Wanderweg in Richtung Giebelhaus, der beim Hinterbachhof wieder auf das Sträßchen zum Giebelhaus einmündet. Dann müssen wir allerdings weitgehend auf dem gewundenen Privatsträßchen durch das Hintersteiner Tal wandern, bis kurz hinter dem Hinteren Erzberghof das Sträßchen die Ostrach überquert und der Anstieg zur Schwarzenberghütte beginnt. Ein schöner Steig führt von hier über Bergwiesen und durch Wald hinauf zu der vor ein paar Jahren aufwändig renovierten Unterkunftshütte, die von jahrhundertealten Ahornbäumen flankiert wird. In Nähe der Hütte befindet sich auch ein Klettergarten.

Übergang zur Alpe Laufbichel Von der Schwarzenberghütte führt dann ein Wanderweg weiter in Richtung Engeratsgundsee und leitet uns dabei im leichten Auf und Ab hinüber zur Käseralpe, wo sich der Weg verzweigt. Ein steiler Abstieg zum Engeratsgundhof schließt sich an, dann ist auch der geteerte Alpfahrweg ins Obertal erreicht. Auf diesem rechts weiter zur Alpe Laufbichel, die etwas oberhalb davon am Hang liegt.

Abstieg zum Giebelhaus Von der Laufbichelalpe gehen wir hinab zum breiten, geteerten Alpfahrweg und wandern auf diesem gemächlich – vorbei am Engeratsgundhof – durchs Obertal hinab zum Giebelhaus. Von dort nehmen wir den Bus hinaus nach Hinterstein.

Einkehr/Übernachtung

- **Giebelhaus** (1065 m), privat, ganzjährig bewirtschaftet, keine Übernachtung; Tel. 0 83 24/81 46.
- **Schwarzenberghütte** (1380 m), Alpenvereinshütte, vom 25. Dez. bis Ende Okt. bewirtschaftet, 54 Betten; Tel. 0173/392 77 66.
- **Engeratsgundhof** (1154 m), privat, im Sommer bewirtschaftet; Tel. 0 83 24/9 42 26.
- **Alpe Laufbichel** (1250 m), privat von Anfang Juni bis Mitte September bewirtschaftet; Tel. 01 73/8 57 87 97.

16 Durch die Starzlachklamm

Wildromantische Schlucht mit Strudeltöpfen und Wasserfällen

Anfahrt

■ **Auto** Auf der A 7 nach Kempten und weiter auf der B 19 nach Sonthofen; bei der Nordabfahrt ab und weiter in Richtung Hindelang (B 308); bei der dritten Ampel links ab und immer geradeaus zum außerhalb gelegenen Ortsteil Winkel (790 m); nach den letzten Häusern großer gebührenpflichtiger Parkplatz.

■ **Bahn/Bus** Mit der Bahn bis Sonthofen, dann mit dem Bus bis zum Ortsteil Winkel.

Höchster Punkt Berggasthof Alpenblick, 980 m

■ **Talort** Sonthofen, 743 m.

■ **Gehzeiten** Vom Parkplatz zum Klammeingang 30 Min., Klammweg 30 Min., Anstieg zum Gasthof Alpenblick 20 Min.; Rückweg über die so genannte Nothalde zum Wanderparkplatz 1 Std. Gesamtgehzeit: etwa 2.30 Std.

■ **Anforderungen** Zu Beginn breiter Weg, dann Wanderweg bis Eingang zur Klamm. Dann teilweise schmaler Pfad mit Seilsicherungen, Geländer und Brücken. Am Ende der Klamm steiler Aufstieg zum Berggasthof Alpenblick. Der Abstieg erfolgt auf Wanderweg bzw. steilem Wirtschaftsweg.

■ **Höhenunterschied** 190 m im Auf- wie im Abstieg.

■ **Alter** Ab 5 Jahren.

■ **Karte** Topographische Karte 1: 50 000 Allgäuer Alpen (BLVA).

Die Starzlach entspringt zwischen Grünten und Wertacher Horn und wird – von zahlreichen kleinen Nebenbächen gespeist – zum kräftig sprudelnden Bach, bis sie den Klammabschnitt unterhalb erreicht. Dort hat sich bereits vor Jahrtausenden – sie ist ein Ergebnis der letzten Eiszeit – eine enge, wildromantische Felsschlucht gebildet, die uns mit ihren Wasserfällen und Strudeltöpfen immer wieder begeistert. Anschließend fließt die Starzlach unspektakulär am Ortsrand von Sonthofen in die Ostrach. Seit 1932 ist diese Klamm für die Besucher erschlossen und hat sich mittlerweile zu einer Hauptattraktion für Wanderer im Allgäu entwickelt. Die Starzlachklamm ist als Fundort von so genannten Nummuliten bekannt, das sind Versteinerungen einer einzelligen Krabbenart aus dem Tertiär. Das damals über diesem Gebiet befindliche warme Meer sorgte für diese felsigen Ablagerungen, die im Volksmund »Pfennigsteine« genannt werden.

Hinweis

Die Starzlachklamm ist von Anfang Mai bis Ende Oktober zugänglich; die Eintrittsgebühr wird vom Klammwirt kassiert.

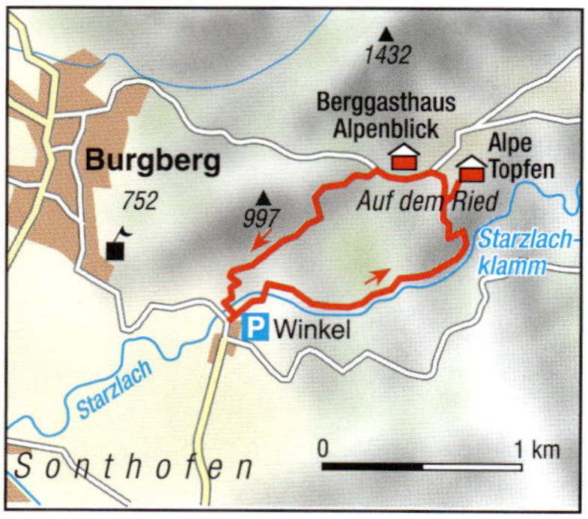

Die Route In Winkel gehen wir zunächst zum oberen Ende des Parkplatzes, gehen links über die kleine Brücke und halten uns dann auf breitem Wirtschaftsweg rechts weiter. Schon nach einigen Minuten zweigt rechts der Klammweg ab. Nun auf Wanderweg durch Wald leicht fallend hinab zum Bachbett der Starzlach, wo wir ganz sicher schon einen Stopp einlegen müssen, denn das weite Kiesbett inmitten der Auenlandschaft lädt geradezu zum Spielen ein. Dann wandern wir auf dem guten Wanderweg weiter, bis wir nach einer knappen halben Stunde die eigentliche Klamm erreichen, die beim Klammwirt ihren

Ausgang nimmt. Dort befindet sich auch der großartige Wasserfall. Über eine kleine Brücke zur Klammhütte, wo wir kurz einkehren können (auch Eis gibt es hier). Nach Entrichtung eines kleinen Obolus passieren wir das Gatter. Die ersten Meter sind etwas arg schmal, aber mit Geländer und Drahtseil gesichert. Dann nimmt uns die Schlucht auf und der gut mit Stegen, Geländer und Brücken gesicherte Klammsteig führt uns entlang rauschender Kaskaden, Gumpen und schnell fließendem Gewässer immer höher durch dunklen Wald. Schon fast am Ende der Klamm angelangt müssen wir noch durch einen engen Felsspalt, dann treffen wir auch auf eine Wegverzweigung, wo wir uns entscheiden müssen: Der schnellste Weg zurück führt erst geradeaus, dann rechts über die Starzlachbrücke, dann über den Berghofer Wald zurück nach Winkel. Wir steigen jedoch links in steilen Serpentinen (Geländer, Drahtseilsicherungen) hinauf zum Schluchtrand.

Auf halben Weg erwartet uns ein Rastplatz mit überhängendem Felsen. Bald ist die Höhe »Auf dem Ried« erreicht. Rechts unten liegt die Alpe Topfen, vor uns das Gasthaus Alpenblick. In beiden können wir nun einkehren. Um von hier oben zum Ausgangspunkt zurückkehren zu können, wandern wir am Gasthaus Alpenblick vorbei ein kurzes Stück die Straße in Richtung Burgberg hinab, bis wenig unterhalb des Parkplatzes links ein Pfad abzweigt (Wegweiser). Nun auf Bergwanderweg durch Wald hinauf zu einem Scheitelpunkt, dann jenseits hinab auf markierter Route – leicht rechts haltend, bis wir auf einen Wirtschaftsweg treffen. Diesem folgen wir in ein paar steilen Kehren hinab zu unserem Ausgangspunkt beim Parkplatz in Winkel.

Einkehr/Übernachtung

- **Klammwirt** (790 m), am Schluchteingang, von Anfang Mai bis Ende Oktober bewirtschaftet.
- **Alpe Topfen** (960 m), während der Weidezeit einfach bewirtschaftet.
- **Berggasthof Alpenblick** (1060 m), ganzjährig bewirtschaftet, von Mitte November bis Mitte Dezember geschlossen, Übernachtung möglich, Montag Ruhetag; Tel. 0 83 21/33 54.

Bild oben: Am Eingang in die Starzlachklamm. Beim Klammwirt muss ein Obolus entrichtet werden. Für Kinder gibt es noch ein Eis, bevor uns die dunkle Schlucht aufnimmt.

17 Über den Grünten

Auf den »Wächter des Allgäus«

Anfahrt

■ **Auto** Auf der B 19/B 308 nach Sonthofen, dann dem Abzweig nach Burgberg folgen. Dort folgen wir dem Wegweiser zum Berggasthaus Alpenblick. Kurz davor ist der Wanderparkplatz »Auf dem Ried«.
■ **Bahn/Bus** Mit dem Allgäu-Schwaben-Takt bis Sonthofen, dann mit Bus weiter bis Burgberg; von dort weiter zu Fuß.

Unser Tipp Im Sonthofener Heimathaus (Sonnenstraße 1) können wir uns in einer nachgebauten Alpsennerei über die Käseherstellung informieren, eine alte Nagelschmiede inspizieren oder uns über die bäuerliche Lebensweise des 18. und 19. Jahrhunderts im Allgäu kundig machen. Öffnungszeiten: außer Montag täglich überwiegend am Nachmittag geöffnet. Tel. 0 83 21/33 00.

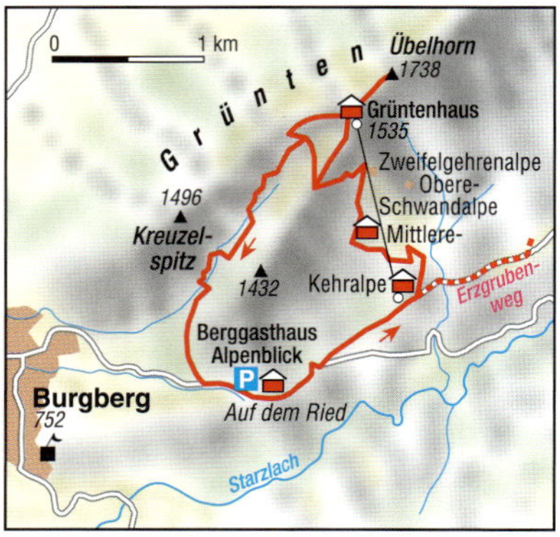

Höchster Punkt Übelhorn, 1738 m

■ **Talort** Burgberg, 752 m.
■ **Gehzeiten** Vom Parkplatz zur Oberen Schwandalpe 1.15 Std., Weiterweg zum Grüntenhaus 1.30 Std., Abstecher zum Übelhorn 1 Std., Abstieg zum Parkplatz 2 Std., insgesamt 5.45 Std.
■ **Anforderungen** Wirtschaftsweg, dann leichte, teils steile Bergwanderwege. Zum Übelhorn nur für größere Kinder.
■ **Alter** Ab 6 Jahren; Erzgrubenweg ab 4 Jahren.
■ **Höhenunterschied** Bis zum Grüntenhaus 630 m; Weiterweg zum Übelhorn 153 m.
■ **Karte** Topogr. Karte 1 : 50 000 Allgäuer Alpen (BLVA).

Der Grünten ist der letzte Vorposten der Allgäuer Alpen, bevor sie im Vorland mit kleinen Moränenhügeln ausklingen. Aufgrund dieser Randlage reicht der Blick dann auch dementsprechend weit. Dafür müssen wir uns allerdings bis zum Gipfel hinaufbemühen, dem so genannten Übelhorn – denn der Name Grünten bezieht sich nur auf das gesamte Bergmassiv –, das ein aufwändiges Denkmal für die Gebirgsjäger aus dem Jahre 1924 krönt. Der Grünten war schon früh als Bergwanderziel populär, deshalb wurde dort oben mit dem Grüntenhaus bereits im Jahre 1852 die erste gewerbliche Hütte der gesamten Allgäuer Alpen erbaut. Selbst König Max II. von Bayern war hier im Jahre 1850 schon oben, als er seine berühmte Fußreise vom Bodensee bis nach Berchtesgaden unternahm. Der Grünten hat aber auch schon früher von sich reden gemacht, so wurde dort über Jahrhunderte Eisenerz im Tagebau abgebaut. Spuren davon können wir am ausgeschilderten Erzgrubenweg noch heute nachspüren. Und im Jahre 1827 wurde am Grünten der letzte Wolf der Allgäuer Alpen erlegt. Als Einzelwanderer haben wir kein Glück, falls wir dort oben übernachten wollen, da müssen wir schon als Gruppe auftreten und uns vorher anmelden. Aber einkehren können wir allemal – und zwar am Ausgangspunkt, unterwegs bei der Oberen Schwandalpe und im Grüntenhaus.

Der Anstieg zum Grüntenhaus Vom Parkplatz folgen wir dem Teersträßchen bergan, gehen am Berggasthaus Alpenblick vorbei und halten uns bei der folgenden Wegverzweigung links. Bei der Alpe Kehr verlassen wir den Fahrweg nach links und steigen – der Weg ist noch breit und immer gut ausgeschildert – in Kehren über die Alpweiden steil hinauf zur

Oberen Schwandalpe, wo wir eine erste Rast einlegen und auf der kleinen Terrasse den freien Blick ins Tal genießen. Dann folgen wir dem Bergpfad hinauf zur Zweifelgehrenalpe, wo sich kurz vorher unser Weg verzweigt. Links haltend weiter bergan zu einem bewaldeten Kammausläufer und nahezu eben hinüber zum Grüntenhaus.

Der Gipfelabstecher Vom Grüntenhaus queren wir nun hinüber zu einem bewaldeten Kamm und folgen dort rechts dem Pfad hinauf (Wegweiser) zur Sendestation des Bayerischen Rundfunks. Links an dieser vorbei und weiter auf dem nun freien, aber ungefährlichen Grat hinauf zum höchsten Punkt.

Der Abstieg ins Tal Vom Grüntenhaus rechts hinüber zum bewaldeten Kamm (Wegweiser) und links haltend hinab weiter in den bewaldeten Graben, der den Kreuzelspitz und die Stuhlwand trennt, und geradewegs mit vielen kleinen Serpentinen hinab. Kurz bevor wir die Fahrstraße zum Berggasthaus Alpenblick erreichen, links auf den Ziehweg und auf dem Sträßchen entlang noch das kurze Stück hinauf zum Ausgangspunkt.

Variante Vom Gasthof Alpenblick führt ein ausgeschilderter Lehrpfad, der »Erzgruben«, (etwas über zwei Kilometer einfache Strecke) durch die Südseite des Grünten. Hier wurde bis in das Jahr 1859 Eisenerz abgebaut. Am früheren Kohlweg wurden in etwa 15 Meilern Holzkohle für die Schmelzöfen hergestellt. Wir sehen noch Abraumhalden und die gesprengten Eingänge der Erzgruben. Am Hang sind auch heute noch deutliche Spuren des Tagebaus zu sehen. Gesamtgehzeit: 1.30 Std. auf breiten Wegen.

Einkehr/Übernachtung

- **Berggasthaus Alpenblick** (1060 m), ganzjährig bewirtschaftet, im Spätherbst geschlossen.
- **Alpe Kehr** 1080 m), im Sommer bewirtschaftet.
- **Obere Schwandalpe** (1330 m), von Anfang Juni bis Mitte Oktober bewirtschaftet.
- **Grüntenhaus** (1585 m), privat, bewirtschaftet von Mai bis Ende Oktober, 50 Lager, Übernachtung nur für Gruppen mit Voranmeldung; Tel. 0 83 21/33 72.

Bild oben: Das Grüntenhaus war die erste gewerblich genutzte Bergsteigerunterkunft in den Allgäuer Alpen.

Bild unten: Die Obere Schwandalpe mit der Kreuzelspitz.

18 Gaisalpe und Gaisalpsee

Über den Tobelweg zu einem versteckten Bergsee

Anfahrt

■ **Auto** Auf der B 19 nach Sonthofen und weiter über Altstädten und Schöllang nach Reichenbach. In der Ortsmitte links hoch zum Wanderparkplatz (890 m) oberhalb des Ortes am Waldrand.
■ **Bahn/Bus** Mit der Bahn bis Altstädten oder Oberstdorf; von dort mit dem Bus nach Reichenbach.

Höchster Punkt Unterer Gaisalpsee, 1508 m

■ **Talort** Oberstdorf, 1213 m.
■ **Gehzeiten** Von Reichenbach bis zur Gaisalpe 1 Std.; Rückkehr über den Fahrweg 1 Std.; insgesamt 2 Std. Aufstieg zum Unteren Gaisalpsee 1.30 Std., Abstieg zur Gaisalpe 1 Std.; insgesamt 4.30 Std. ab Reichenbach.
■ **Anforderungen** Der Tobelweg zur Gaisalpe ist ein Bergsteig mit einigen Seilsicherungen und Felsstufen. Achtung auf kleinere Kinder. Anstieg zum Gaisalpsee auf Bergwanderweg, Rückkehr von der Gaisalpe ins Tal auf Wirtschaftsweg.
■ **Höhenunterschied** Zur Gaisalpe 260 m; zum Gaisalpsee 618 m.
■ **Alter** Zur Gaisalpe ab 4, zum Gaisalpsee ab 6 Jahren.
■ **Karte** Topogr. Karte 1 : 50 000 Allgäuer Alpen (BLVA).

Die Gaisalpe – der Name ist etwas irreführend, denn es handelt sich um einen jahrhundertealten Bergbauernhof mit angeschlossener Wirtschaft – liegt auf einem freien Wiesenhang über dem Illertal. Der schönste Anstieg dorthin führt über den so genannten Tobelweg (sehr bald im Frühjahr, wenn noch Schneereste die Klamm blockieren, können wir natürlich auch den Wirtschaftsweg nehmen, den wir für den Abstieg vorgesehen haben). Für kleinere Kinder ist an der Gaisalpe in der Regel Endstation; der Tobelweg ist – gerade für den Sommer angenehm schattig, während der weitere Anstieg zum Gaisalpsee in weiten Teilen auch der Sonne ausgesetzt ist. Größere Kinder reizt aber auch sicher die Aussicht auf den malerischen Bergsee, in dem sich das Rubihorn spiegelt.

Unser Tipp
Unterhalb von Reichenbach gibt es ein Freibad; Zugang vom Ort in 20 Minuten.

Auf dem Tobelweg zur Gaisalpe Vom Wanderparkplatz oberhalb von Reichenbach folgen wir dem Wirtschaftsweg durch Wald am Gaisalpbach entlang, der uns hier bereits mit seinem einladenden Rauschen empfängt. Kurz nach der Brücke über den Bach zweigt links der Tobelweg ab (Hinweisschild!) und führt uns zunächst auf der rechten Bachseite leicht ansteigend höher. Hier ist es ungefährlich und der Bach lädt durchaus zum Spielen ein. Dann wird es aber bald steiler und enger. Über Fels- und Holzstufen gewinnen wir an Höhe, einige steile Stellen sind auch mit Drahtseilsicherungen »entschärft«. Ein Steg führt uns auf die andere Bachseite, dann erreichen wir ein Trafohäuschen, wo ein Seitenbach einmündet und ein kleiner Wasserfall, dem Tobel zusätzliche Dramatik gibt. Das letzte

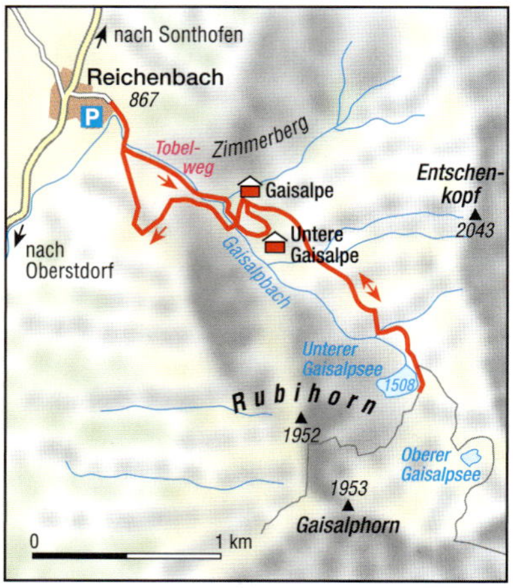

Stück des Tobelwegs wandern wir über Stufen hoch über den nun tief eingeschnittenen Bach hinauf zum Wirtschaftsweg, den wir unten verlassen haben. Nach der Bachbrücke folgen wir links den Kehren des breiten Zufahrtswegs zur Gaisalpe hinauf. Auf der Terrasse, aber auch drinnen lässt es sich gut rasten. In Richtung Westen schweift der Blick über das Illertal, Richtung Osten erhebt sich beeindruckend das Rubihorn.

Aufstieg zum Gaisalpsee Am Berggasthof Gaisalpe gehen wir rechts am Haus vorbei und hinauf zur Wegverzweigung. Dort leitet uns rechts ein ausgeschilderter Bergwanderweg in Richtung Rubihorn. Am oberen Rand der Bergmatten, teilweise auch durch Wald, führt unser Weg durch ein von steilen Bachläufen zerklüftetes Gelände. Der Schlussanstieg zum Gaisalpsee führt nun durch steiles, teilweise felsiges Gelände (einige Sicherungen) über eine Geländestufe. Hier fließt der Gaisalpbach deutlich sichtbar aus den Felsen und der Abfluss des Gaisalpsees rauscht zu Tal. Am Gaisalpsee angelangt lässt es sich herrlich rasten und man könnte den ganzen Tag hier oben verbringen, wenn nicht noch der Abstieg bevorstünde.

Abstieg nach Reichenbach Vom Gaisalpsee steigen wir dann auf dem Anstiegsweg wieder hinab zur Gaisalpe, wo wir in einer der beiden Gaststätten einkehren können. Dann folgen wir dem Wirtschaftsweg hinab bis zum Gaisalpbach. Dort über die Brücke und nun links haltend auf dem Wirtschaftsweg – vorbei an einer Kapelle – und immer gut ausgeschildert zurück zum Ausgangspunkt.

Einkehr

- **Gaisalpe** (1150 m), privat, von Mai bis Oktober bewirtschaftet.
- **Untere Gaisalpe** (1100 m), privat, im Sommer bewirtschaftet.

Der Alpengasthof Gaisalpe.

Bild oben: Blick über die Gaisalpe in Richtung Nebelhorn. Rechts baut sich das Rubihorn auf. Der Gaisalpsee versteckt sich hinter der Geländestufe in der Bildmitte.

19 Durch den Hölltobel zur Dietersbachalpe

Auf zwei Wegen zum Museumsdorf Gerstruben

Anfahrt

■ **Auto** Auf der B 19 über Sonthofen und Fischen nach Oberstdorf. Parken an der Talstation der Nebelhornbahn (gebührenpflichtig). Oder besser nicht in den Ort hinein, sondern vorher der Ausschilderung nach Faistenoy bzw. zur Fellhornbahn folgen bis zum Wanderparkplatz Renksteg.
■ **Bahn/Bus** Im Allgäu-Schwaben-Takt bis Oberstdorf; von dort weiter zu Fuß.

Höchster Punkt Dietersbachalpe, 1325 m

■ **Talort** Oberstdorf, 813 m.
■ **Gehzeiten** Vom Parkplatz Renksteg nach Gerstruben 1.30 Std. (von Oberstdorf 2 Std.); Weiterweg zur Dietersbachalpe 1.15 Std.; Rückweg ins Tal 2.15 Std. (nach Oberstdorf 1.30 Std.); insgesamt 5 Std.
■ **Anforderungen** Leichte Wanderung auf Wirtschaftswegen; lediglich der Weg durch den Hölltobel erfolgt auf angelegtem, aber gut gesichertem Steig mit Geländern. Mit Sportkinderwagen können wir – unter Umgehung des Höllentobels – auch bis zur Dietersbachalpe hochfahren.
■ **Alter** Ab 4 Jahren; die ganze Strecke bis zur Dietersbachalpe jedoch besser erst ab 6 Jahren.
■ **Höhenunterschied** 530 m im Auf- wie im Abstieg.
■ **Karte** Topographische Karte 1 : 50 000 Allgäuer Alpen (BLVA).

Hoch über dem Trettachtal liegt versteckt der Weiler Gerstruben, eine einzigartige Höhensiedlung bestehend aus fünf Holzhäusern einschließlich Kapelle, deren Ursprünge bis ins Mittelalter zurückreichen. Die ältesten noch bestehenden Gebäude datieren aus den Anfängen des 17. Jahrhunderts. Als Dauersiedlung endete diese Gründung von Lechtaler Bauern Ende des 19. Jahrhunderts. Zwei Zustiegswege führen zu dieser verkehrsfreien, unter Denkmalschutz stehenden Anlage: Zum einen das geteerte, aber für den öffentlichen Verkehr gesperrte Zufahrtssträßchen, zum anderen der aufregende Steig durch den Hölltobel. In Gerstruben können wir Rast machen und im dortigen Berggasthaus einkehren.

Falls wir noch genug Energie haben, wandern wir in dem schönen Dietersbachtal weiter bis zur Gerstrubener Alpe, die ebenfalls denkmalgeschützt ist, und weiter bis zur Dietersbachalpe, wo wir umkehren, denn der Weiterweg über den Älpelesattel wäre dann doch zu anstrengend und für Kinder zu weit. Die Dietersbachalpe – unser Endziel – ist eine Hochalpe, die Gerstrubener Alpe davor die Niederalpe des gleichen Bauern, beide sind daher nur wechselweise bewirtschaftet.

Bild Seite 57: Die Käseralpe ist Endstation auf unserer Wanderung durch das Dietersbachtal.

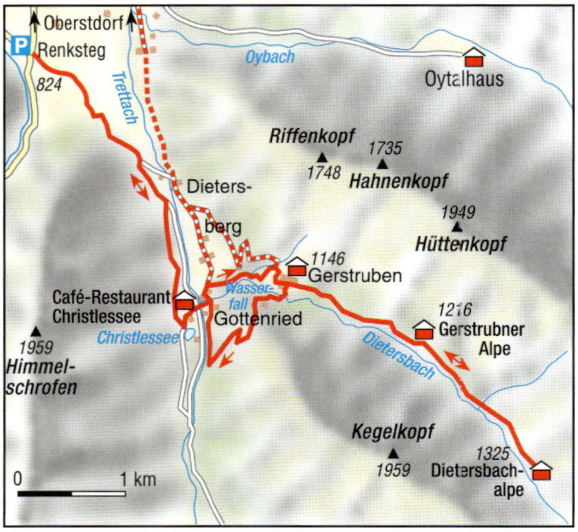

Die Route Vom Parkplatz Renksteg folgen wir zunächst dem ausgeschilderten Wirtschaftssträßchen durch Wiesen in Richtung Trettachtal und steigen dann an zum Golfplatz. Noch bevor wir die Trettach erreichen, biegen wir rechts in den Weg zum Christlessee ein. Wir folgen nun der Markierung des Fernwanderwegs E 5 bis dorthin. Vor dem See halten wir uns links, queren das Sträßchen nach Spielmannsau, halten uns bald links und folgen nach dem Dietersbach rechts dem unauffälligen Pfad in den Hölltobel.
Zunächst geht es über Wiesen, dann im Bachtal bald durch Wald steil aufwärts. Der gut gesicherte Steig berührt nur kurz den tief eingeschnittenen Tobel, aber bald schon können wir einen kleinen Abstecher zu einem Wasserfall mit Plattform machen, bevor wir die Zufahrtsstraße nach Gerstruben erreichen. Die letzten Meter zum Gasthof sind bereits sehr aussichtsreich und bald erkennen wir auch die berühmte Höfats im Talhintergrund. Falls wir mit kleineren Kindern unterwegs sind, machen wir beim Gasthof kehrt und wandern über die Zufahrtsstraße bequem wieder talwärts. Neben dem reizvollen Bergdorf-Ensemble können wir etwas unterhalb am Dietersbach

Einkehr/Übernachtung

- **Berggasthaus Gerstruben** (1146 m), bewirtschaftet von Mai bis Ende Oktober sowie in den Weihnachts- und Osterferien; 20 Lager in einem rustikalen Nebenhaus; Tel. 0 83 22/44 24.
- **Gerstrubener Alpe** (1216 m); Niederleger, im Früh- und im Spätsommer einfach bew.
- **Dietersbachalpe** (1325 m); Hochleger, von Mai bis Oktober einfach bewirtschaftet.
- **Café-Restaurant Christlessee** (930 m), ganzjährig bewirtschaftet.

19

noch ein altes Sägewerk bewundern. Dann folgen wir knapp unterhalb des Gasthofs dem Alpweg talein ins Dietersbachtal, vorbei an einer schönen Ahornallee, und erreichen auf gemütlichem Weg die Gerstrubener Alpe. Dahinter steigt der Weg etwas an und bald schießen ein paar Bächlein links herab. Am Talschluss erwartet uns dann neben der Dietersbachalpe auch noch ein großer Wasserfall.

Zugangsvariante 1 Von Oberstdorf folgen wir ab den Parkplätzen an der Nebelhornbahn den Ausschilderungen »Spielmannsau« und »Gerstruben« ins Trettachtal. Unser Wanderweg folgt dabei dem schattigen Ufer der Trettach. Ein Abstecher führt uns hier zu einem kleinen Moorbad und dem Gasthaus Alpenrose. Aber wenn wir die ganze Strecke an einem Tag bewältigen wollen, bleibt hierfür kaum Zeit. Beim Gasthaus Jägerstand queren wir links über die Brücke und wandern am anderen Ufer weiter. Unser Weg verlässt nun die Trettach und führt am Bergfuß entlang über den Weiler Gruben nach Dietersberg. Dort zweigt links der Fahrweg ins Dietersbachtal ab. Wir wandern weiter im Tal, bis kurz vor Gottenried links der Pfad zum Tobel abzweigt.

Zugangsvariante 2 Der Tobelweg kann auf der gesperrten Fahrstraße nach Gerstruben ab dem Weiler Dietersberg umgangen werden. Diese Route ist auch für Kinderwagen geeignet. Für den Anstieg wie für den Abstieg von Gerstruben können wir auch den Wanderweg benutzen, der hinter Gottenried durch Wald und über den Weiler Raut hinauf ins Dietersbachtal führt.

Unser Tipp Am Ortsrand von Oberstdorf gibt es den Ponyhof Boxler (Am Dummelsmoos 23; Tel. 0 83 22/ 9 62 10), wo wir einige Runden drehen können. Auf dem Gelände gibt es auch einen Kiosk. Der Ponyhof unternimmt auch vom Marktplatz in Oberstdorf Ausflüge mit den Pferdestellwagen in die autofreien Bergtäler. Geöffnet ist der Ponyhof von Ostern bis Anfang November von 14–17.30 Uhr; Ruhetage: Montag und Dienstag, in den Monaten Juli/August/ Oktober nur Montag.

Bild rechts: Im Trettachtal, südlich von Oberstdorf.

Bild Seite 59: Der Weiler Gerstruben wurde im Mittelalter von Lechtaler Bauern besiedelt und steht heute unter Denkmalschutz.

20 Zur Sturmannshöhle

In die einzige begehbare Höhle des Allgäus

Anfahrt

■ **Auto** Auf der B 19 über Sonthofen nach Fischen; dort rechts ab nach Obermaiselstein und weiter in Richtung Tiefenbach bis zum kleinen Parkplatz an der Felsenge Hirschsprung (870 m).

■ **Bahn/Bus** Mit der Bahn bis Fischen und weiter mit dem Bus über Obermaiselstein in Richtung Tiefenbach. Bushaltestelle in Nähe des Ausgangspunktes.

Höchster Punkt Sturmannshöhle, 1000 m

■ **Talort** Obermaiselstein, 850 m.

■ **Gehzeiten** Für den Hin- und Rückweg je 1 Std.; für die Höhlenrunde eine halbe Stunde; insgesamt 1.30 Std.

■ **Anforderungen** Ausgeschilderter Forstweg bis zum Berggasthaus Sturmannshöhle, dann steiler, geteerter Wanderweg bis zum Höhleneingang. Die Weganlage in der Höhle ist teils steil, aber immer gut gesichert. Gutes Schuhwerk und warme Kleidung/Anorak (Temperatur in der Höhle etwa 4–5° C) erforderlich. Hunde sind in der Höhle nicht erlaubt. Rückenkraxen für Kleinkinder sind in der Höhle nicht empfehlenswert.

■ **Höhenunterschied** 130 m im Auf- wie im Abstieg.

■ **Alter** Ab 4 Jahren.

■ **Karte** Topographische Karte 1:50 000 Allgäuer Alpen (BLVA).

Die vor etwa zwei Millionen Jahren entstandene Sturmannshöhle bei Obermaiselstein gehört zu den beliebtesten Natursehenswürdigkeiten im Allgäu. Sie liegt etwas versteckt in der bewaldeten Nordflanke des Schwarzenbergs in etwa 1000 Meter Höhe. Es gibt zwei Zugangsmöglichkeiten: vom so genannten Hirschsprung bzw. von Obermaiselstein. Beide Routen erfordern einen kleinen Fußmarsch von etwa 40 Minuten bis zum Höhleneingang. Für Kinder eignet sich natürlich am besten das autofreie Forststräßchen vom Hirschsprung. An die 50 000 Besucher wollen sich alljährlich vom Höhlenführer über die Sagen und Anekdoten über die einzige begehbare Höhle der Allgäuer Alpen aufklären lassen. Erste Versuche, die Höhle zu erforschen, unternahm bereits im Jahre 1815 ein Allgäuer Heimatforscher, weitere Versuche folgten, bis dann im Jahre 1904 ein Höhlenbauverein gegründet wurde, der die Erschließung der Höhle vorantrieb und diese der Öffentlichkeit zugänglich machen wollte. Bereits im Jahre 1906 besuchten dann 2800 Menschen die Sturmannshöhle. Der Zugang wurde mittlerweile mit einem aufwändigen, überdachten Steg komfortabel gestaltet. Im Innern erwartet uns eine gesicherte Weganlage. Die Sturmannshöhle ist nur im Rahmen von Führungen zu begehen.

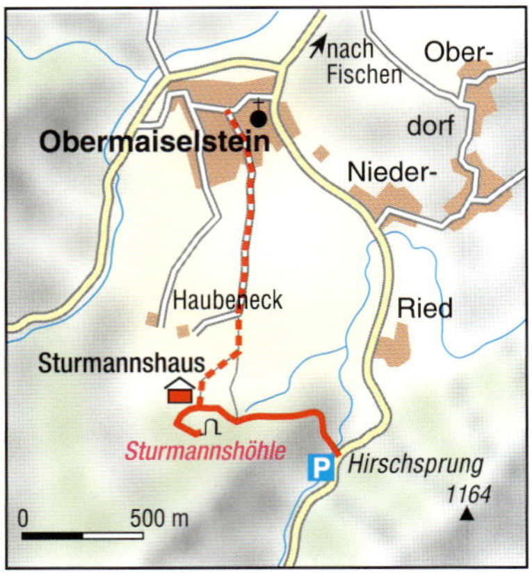

Der Anstieg Vom Parkplatz am Hirschsprung (bzw. von der Bushaltestelle) steuern wir den auffälligen Bildstock an und folgen dort dem Forstweg durch schönen Wald. Der Weg steigt

Einkehr/Übernachtung

- **Berggasthaus Sturmannshöhle** (900 m), privat, nahezu ganzjährig bewirtschaftet.
- **Gaststätten** in Obermaiselstein

nur leicht bergan und führt im Rechtsbogen um den Ostausläufer des Schwarzenbergs herum, quert dann über eine Brücke den Oberlauf des Rotfischbaches und erreicht – nachdem wir noch einen kleinen Wasserfall passiert haben – das Kassenhäuschen der Sturmannshöhle. Von dort führen ein geteerter Wanderweg und ein überdachter Steg hinauf zum Höhleneingang, an dem eine Gedenktafel an die Erforscher des Höhlenvereins erinnert. Dann steigen wir über 180 Stufen und 75 Höhenmeter hinab in das Innere der eiszeitlichen Höhle. Die bizarren Felsformationen entlang der schmalen Felsspalte, die den Zugang vermittelt, sind mit den Namen der Sagen verbunden, so z. B. das »Drachentor« oder der »Adlerschlund«. Am Ende erwartet uns sogar noch ein kleiner Höhlensee mit Wasserfall. Am Ende des aufregenden Ausfluges erwartet uns dann noch das Berggasthaus Sturmannshöhle, wo wir uns bei einer Brotzeit über die gerade gemachten Erfahrungen austauschen können.

Variante Die Sturmannshöhle kann auf einem Seitensträßchen (markierter bzw. ausgeschilderter Weg) auch von Obermaiselstein direkt erreicht werden. Ausgangspunkt ist bei der Kirche oder beim Haus des Gastes (dort auch kostenlose Parkmöglichkeiten). – Der Weg führt am Feuerwehrhaus und am Sportgeschäft vorbei, biegt nach 100 Metern nach links und folgt dann dem Teersträßchen bis zum Kassenkiosk. 30 Minuten Fußweg.

Unser Tipp

In der gebührenpflichtigen Sturmannshöhle finden ganzjährig Führungen statt. Im Sommer von 9.30–16 Uhr, im Winterhalbjahr, ab 26. Dezember bis Ostern, von 11–16 Uhr. Die Führungen dauern etwa eine gute halbe Stunde. Nach starken Niederschlägen kann die Höhle geschlossen sein. Informationen (Kasse der Sturmannshöhle): Tel. 0 83 26/3 83 09.

Bild oben: Die Sturmannshöhle ist mit einer gut gesicherten Weganlage versehen.

21 In die Breitachklamm

Einzigartiges Naturschauspiel im Kleinwalsertal

Anfahrt

■ **Auto** Auf der B 19 über Sonthofen und Fischen in Richtung Oberstdorf, dann rechts ab nach Tiefenbach und der Ausschilderung zur Breitachklamm folgen; dort großer, gebührenpflichtiger Parkplatz.
Bahn/Bus Mit der Bahn bis Oberstdorf, dann mit dem Linienbus. Nach Tiefenbach zum Eingang in die Breitachklamm; Rückkehr mit dem Bus vom Gasthaus Walserschanz nach Oberstdorf möglich.

Hinweis

Die Klamm ist außer der Zeit der Schneeschmelze täglich ab 8 Uhr geöffnet, Einlassschluss im Sommer 16 Uhr, im Winter 15 Uhr. Eintrittsgebühr. Info-Telefon: 0 83 22/48 87. Zugang von beiden Seiten möglich.

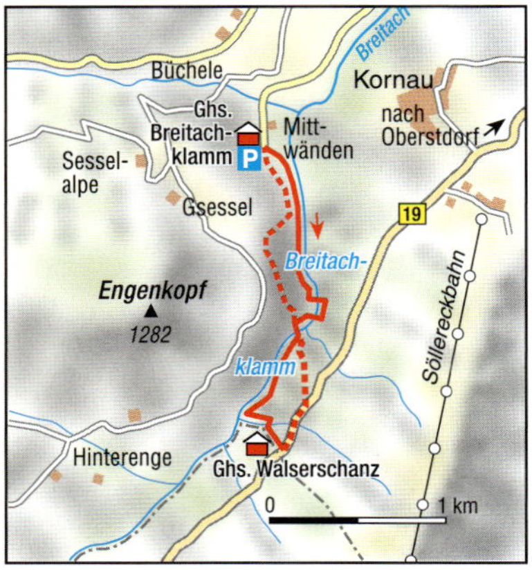

Höchster Punkt Gasthaus Walserschanz, 1000 m

■ **Talort** Oberstdorf, 813 m.
■ **Gehzeiten** Für den Hin- und Rückweg benötigen wir knapp 2 Std.; falls wir nur den spektakulärsten Teil sehen wollen, genügt auch 1 Std.
■ **Anforderungen** Zu Beginn breite Wanderwege; in der Klamm gut gesicherte Steiganlage mit Stegen, Treppen und Geländern. Kleine Kinder jedoch an die Hand. Gutes Schuhwerk und warme Kleidung/Anorak erforderlich. In der engen Klamm kann es schon mal feucht werden.
■ **Alter** Ab 4 Jahren.
■ **Höhenunterschied** 170 m, wenn wir bis zum Schluchtrand hochgehen, ansonsten deutlich weniger.
■ **Karte** Topographische Karte 1 : 50 000 Allgäuer Alpen (BLVA).

Vor Jahrmillionen hat sich die Breitachklamm in den Kalkfels eingegraben. Mit ihren senkrechten, muschelförmig ausgewaschenen Felswänden, den Strudellöchern, den riesigen Abbruchstellen gehört die insgesamt 2,5 Kilometer lange Klamm (wovon wir aber »nur« 1700 Meter begehen), die an ihrer engsten Stelle weniger als drei Meter breit ist, nicht nur zu den besonderen Attraktionen der Allgäuer, sondern der gesamten Alpen. Ja, sie wird zuweilen auch der »Grand Canyon Bayerns« genannt. An manchen Stellen ist nur mehr durch einen Spalt der Himmel zu sehen, da ihn bisweilen Überhänge verdecken. Bereits im Jahre 1904 wurde auf Anregung des damaligen Pfarrers von Tiefenbach ein aufwändiger Steig mit Stegen, Brücken und Geländern angelegt, um die Klamm Besuchern zugänglich zu machen, wobei die Pioniere nicht vor Sprengungen zurückschreckten, um sie begehbar zu machen. Bis heute haben etwa 20 Millionen Besucher die Breitachklamm durchwandert. Und noch ein Plus: Bis auf die Zeit der Schneeschmelze kann die Klamm ganzjährig besucht werden. Da das Wasser aber unentwegt am Felsen arbeitet, müssen zuweilen Felsenputzer ran, um die Klamm von lockerem Gestein zu säubern, oder die Steiganlage muss repariert werden, auch dann ist sie für einige Tage geschlossen.

Durch die Breitachklamm Vom neuen Kassenhäuschen kurz hinter dem Gasthaus Breitachklamm wandern wir auf schmalem Teerweg hinunter zur Breitach. Dort biegt der Weg nach rechts und führt am schnell dahinfließenden Gewässer zum

bewaldeten Klammeingang. Nach einem Felstunnel weitet sich die Schlucht sofort wieder und ist noch relativ breit und grün, verengt sich dann aber bald zu einem schmalen Schlund mit hoch aufragenden Felsfluchten. Der gut gesicherte Steig führt uns nun hoch über dem gurgelnden Wasser, über Gumpen, Wasserfällen und Strudeln bis zur so genannten Enge, wo sich die Felsen fast berühren. Nach dem aufregenden Teil kommt noch ein leichter Abschnitt bis zum oberen Kassenhäuschen. Dort folgen wir dem steilen Weg (links könnten wir auch direkt zum Zwingsteg hinaufsteigen) hinauf zum Gasthof Walserschanz, wo wir einkehren können. Von dort geht es links entlang der Bundesstraße, bis nach 300 Metern der Weg zum Zwingsteg abzweigt. Dort genießen wir den schaurigen Blick tief hinab in die Schlucht. Anschließend gehen wir zurück und kehren auf dem Anstiegsweg zum Klammeingang bei Tiefenbach zurück.

Variante Vom Zwingsteg können wir auch oberhalb der Breitachklamm zum Ausgangspunkt zurückkehren, indem wir zunächst dem ausgeschilderten Weg zur Dornachalpe folgen. Dann gehen wir auf einem schmalen Sträßchen rechts bis zu einem Weiler; von dort führt rechts ein Fußweg hinab zum Ausgangspunkt.

Einkehr/Übernachtung

- **Gasthaus Breitachklamm** (830 m), ganzjährig bewirtschaftet.
- **Gasthaus Walserschanz** (1000 m), ganzjährig bewirtschaftet.

Der Zugangsweg in die Klamm. Bild oben: Die Felsen der Breitachklamm scheinen sich fast zu berühren.

22 Söllereck und Sölleralpe

Panoramablicke und eine beliebte Einkehralpe

Anfahrt

■ **Auto** Auf der B 19 über Sonthofen und Fischen bis kurz vor Oberstdorf und weiter auf der B 19 in Richtung Kleinwalsertal bis zu den Parkplätzen bei der Talstation der Söllereckbahn.

■ **Bahn/Bus** Mit der Bahn bis Oberstdorf; von dort mit dem Bus in Richtung Kleinwalsertal bis zur Haltestelle Söllereckbahn.

Unser Tipp

Ein Besuch des Heimatmuseums in der Oststraße 13 in Oberstdorf: Das 1926 gegründete Museum ist im Köchelerhaus untergebracht, einem Bauernhaus von 1620. In etwa 40 Räumen werden über 5000 Objekte gezeigt, die von der Alpwirtschaft bis zum Skilaufen reichen. Eine Besonderheit ist die Schuhsammlung des Hofschuhmachermeisters Josef Schratt mit dem »größten Schuh der Welt«. Öffnungszeiten: Mitte Mai bis Ende Oktober von Dienstag bis Samstag (an Regentagen auch am Sonntag) von 10 – 12 Uhr und von 14 bis 17.30 Uhr. Tel. 08322/5470.

Höchster Punkt Söller Alpe, 1522 m

■ **Talort** Oberstdorf, 813 m.
■ **Bergbahn** Söllereckbahn (Kleinkabinenbahn), nahezu ganzjährig in Betrieb. Sommerbetrieb von Mitte Mai bis Mitte Okt. von 8.30–16.45 Uhr. Tel. 0 83 22/57 57.
■ **Gehzeiten** Von der Bergstation (1400 m) der Söllereckbahn bis zur Sölleralpe 1 Std.; für Rückweg die gleiche Zeit; insgesamt 2 Std.
■ **Anforderungen** Leichte Wanderung auf breitem Alpweg. Auch ideal für Nicht-Schwindelfreie.
■ **Höhenunterschied** 140 m im Auf- wie im Abstieg.
■ **Alter** Ab 4 Jahren.
■ **Karte** Topographische Karte 1 : 50 000 Allgäuer Alpen (BLVA).

Die Alpe Söller liegt auf der Südostseite des Fellhornkammes und bietet einen herrlichen Blick auf den Allgäuer Hauptkamm. Dort oben weiden im Sommer Jungvieh und Kühe, deren Milch gleich vor Ort zu Käse verarbeitet wird. Hier herrscht immer reger Betrieb auf der Wiesenterrasse daneben. Denn die vermutlich bereits im Mittelalter bewirtschaftete Alpe ist ja auch auf einem leichten und kurzen Alpweg zu erreichen, den auch Nicht-Schwindelfreie ohne Probleme begehen können. Erleichtert wird der Zugang zudem durch die Söllereckbahn. Bei deren Bergstation treffen wir bereits auf zwei aussichtsreiche Berggasthäuser (jeweils mit Terrasse), die – noch ehe wir richtig gestartet sind – zur Einkehr laden. Außerdem gibt es da auch einen Spielplatz, der uns von der Wanderung abhalten könnte.

Die Route Von der Bergstation der Söllereckbahn folgen wir der Ausschilderung in Richtung Sölleralpe, gehen dabei über ein paar Trep-

Ein breiter Alpweg führt zur Sölleralpe. Bald ist das Ziel erreicht.

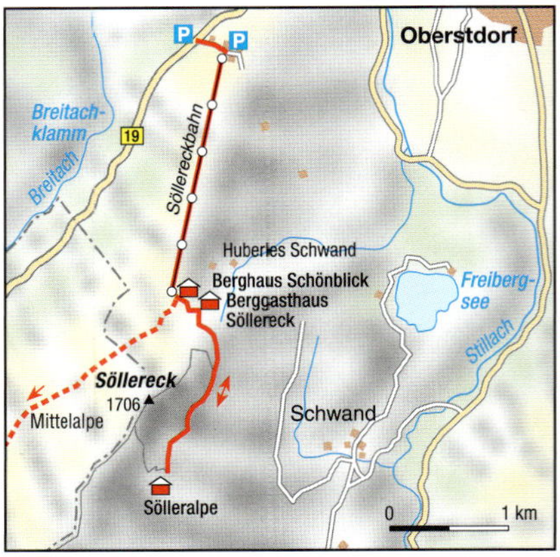

penstufen hinauf zum Berggasthaus Söllereck, umrunden auf dessen rechter Seite die Terrasse und gelangen wenig oberhalb zu einer Wegverzweigung. Dort halten wir uns links und wandern nur mehr leicht ansteigend durch Wald auf breitem Alpweg links um das Söllereck herum bergan. Bald verlassen wir den Wald aber wieder und mit freier Sicht auf den Allgäuer Hauptkamm folgen wir unfehlbar dem Wirtschaftsweg zur Alpe Söller, derer wir jedoch erst kurz vor Schluss ansichtig werden. Wenige Meter noch hinab, dann machen wir es uns bei starker Sonneneinstrahlung unter den schützenden Sonnenschirmen gemütlich und verzehren eine stärkende Brotzeit. – Auf gleichem Weg kehren wir dann zur Bergstation zurück.

Variante Auf breitem Wanderweg geht es von der Bergstation der Söllereckbahn ohne Höhenverlust ins Kleinwalsertal zur bewirtschafteten Mittelalpe. Sie liegt auf 1350 Metern Höhe über dem Talboden unter dem Fellhornrücken und bietet neben Brotzeiten und Kuchen auch Speck und Käse aus eigener Produktion. Die Terrasse liegt angenehm windgeschützt auf der Südseite. Von dort führt ein gesperrter Alpweg hinab nach Riezlern, wo wir mit dem Bus zur Talstation der Söllereckbahn bzw. nach Oberstdorf zurückkehren können.

Einkehr/Übernachtung

■ **Sölleralpe** (1522 m), privat, von Mai bis Oktober bewirtschaftet.

■ **Berghaus Am Söller** (1450 m), privat, ganzjährig bewirtschaftet, Übernachtungsmöglichkeit.

■ **Berghaus Schönblick** (1400 m), privat, ganzjährig bewirtschaftet, 92 Betten, Lager für 12 Personen; Tel. 0 83 22/40 30.

Bild oben: Am Söllereck – bei der Bergstation der Söllereckbahn – startet unsere leichte Alpwanderung.

23 Fellhorn und Schlappoltalpe

Zu Deutschlands größter und höchstgelegener Sennalpe

Anfahrt

■ **Auto** Auf der B 19 über Sonthofen und Fischen nach Oberstdorf; seitlich am Ort vorbei in Richtung Kleinwalsertal, der Ausschilderung der Fellhornbahn ins Stillachtal nach Faistenoy folgen; großer, gebührenpflichtiger Parkplatz an der Talstation.
■ **Bahn/Bus** Im Allgäu-Schwaben-Takt bis Oberstdorf, mit regelmäßig verkehrendem Bus zur Talstation der Fellhornbahn. Bei Überschreitung zum Söllereck von der Talstation der Söllereckbahn mit dem Bus nach Oberstdorf zurückkehren.

Einkehr/Übernachtung

■ **Bergstation der Fellhornbahn** (1967 m), Selbstbedienungsrestaurant mit Sonnenterrasse und kostenlosen Liegestühlen.
■ **Schlappoltalpe** (1700 m), von Anfang Juni bis Anfang/Mitte September bewirtschaftet.
■ **Mittelstation der Fellhornbahn** (1780 m); Selbstbedienungsrestaurant mit Sonnenterrasse; Spielplatz.

Rechte Seite: Blick vom Aufstiegsweg zum Fellhorn über die Bergstation der Bahn hinweg auf den Allgäuer Hauptkamm.

Höchster Punkt Fellhorn, 2038 m

■ **Talort** Oberstdorf, 813 m.
■ **Bergbahn** Die Fellhornbahn verbindet in zwei Sektionen die Talstation mit der Bergstation (1917 m) knapp unterhalb des Fellhorngipfels. Bis zur Mittelstation/ Schlappoltsee (1780 m) fahren wir, wenn wir direkt zur Schlappoltalpe wandern wollen. Fahrzeiten im Sommer: 9–16.50 Uhr. Info-Telefon: 07 00/55 53 38 88.
■ **Gehzeiten** 15 Min. von der Bergstation der Fellhornbahn (1967 m) bis zum Fellhorngipfel; für den Übergang vom Fellhorn zur Schlappoltalpe 1.30 Std.; Rückweg zur Mittelstation 30 Min. Hin- und Rückweg zur Schlappoltalpe von der Mittelstation 1 Std. Übergang vom Fellhorn zum Söllereck 4 Std.
■ **Anforderungen** Zum Fellhorngipfel breiter Wanderweg. Der Kammweg (Bergpfad) über den Schlappoldkopf zur Schlappoltalpe erfordert Trittsicherheit. Nicht bei Nässe unternehmen, Rutschgefahr. Der Übergang zum Söllereck erfordert zudem Schwindelfreiheit.
■ **Alter** Höhenweg über den Fellhornkamm ab 8 Jahren; der Weg von der Mittelstation der Fellhornbahn zur Schlappoltalpe ist für alle Altersgruppen und sogar mit Kinderwagen geeignet. Übergang zum Söllereck mit großen Kindern ab 10 Jahren.
■ **Höhenunterschied** Von der Bergstation zum Fellhorngipfel 71 m; Abstieg zur Schlappoltalpe 380 m überwiegend im Abstieg; Anstieg zur Mittelstation 80 m.
■ **Karte** Topogr. Karte 1 : 50 000 Allgäuer Alpen (BLVA).

Auf dieser abwechslungsreichen Wanderung lassen wir uns rasch mit einer der größten Kabinenbahnen Deutschlands bis unter den Gipfel des Fellhorns tragen. In der Gipfelstation der Bergbahn wurde ein mit Mitteln der EU gefördertes, gläsernes Museumsprojekt installiert. Dort geben Glaswände die Sicht auf die Allgäuer Bergwelt frei. Drinnen können wir auf der Leinwand Filme in 3-D betrachten. Das Pendant dazu befindet sich im Alten Rathaus von Oberstdorf.
Das Fellhorn ist übrigens einer der schönsten Blumenberge der Allgäuer Alpen mit einer verschwenderischen Fülle an seltenen Alpenblumen, Kräutern und Orchideen. Ab Ende Juni erwartet uns dort oben zusätzlich ein Meer von Alpenrosen. Kein Wunder, dass am Fellhorn große Bereiche als Naturschutzgebiete ausgewiesen sind. Dann wandern wir aussichtsreich auf einem der typischen Allgäuer Höhenwege über das Fellhorn und den Schlappoldkopf hinüber zur Schlappoltalpe, Deutschlands größter Sennalpe, auf der täglich über 1000

Liter Milch zu würzigem Bergkäse verarbeitet werden. Anschließend bummeln wir auf breitem Wanderweg – vorbei am Schlappoltsee – zur Mittelstation der Bergbahn, die uns wieder ins Tal bringt. Zuvor aber probieren wir dort noch den Spielplatz mit Kletterwand und Tunnelrutsche aus.

Übers Fellhorn zur Schlappoltalpe

Von der Bergstation der Fellhornbahn steigen wir auf einem gestuften Weg die wenigen Meter hinauf zur grasigen Kammhöhe, die zugleich die Grenze zwischen Bayern und Vorarlberg darstellt, und folgen rechts haltend dem breiten Weg hinauf zum Fellhorn, das mit einer großartigen Rundumsicht aufwarten kann. Tief unter uns liegt das Kleinwalsertal, auf der anderen Seite Oberstdorf. Alle wichtigen Allgäuer Gipfel liegen vor unseren Augen. Zur Identifizierung nehmen

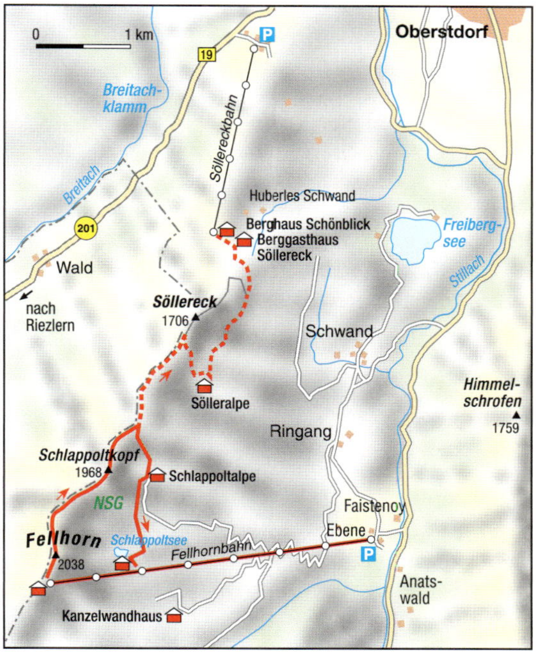

Das schlichte Gipfelkreuz am Fellhorn.

wir am besten eine gute Wanderkarte mit. Im Südwesten erkennen wir den Biberkopf, im Süden den Großen Krottenkopf, die Trettachspitze und die Mädelegabel. Besonders beeindruckend ist dabei der Hohe Ifen jenseits des Kleinwalsertals mit seiner charakteristischen Form und das weite Karrenfeld des Gottesackerplateaus rechts daneben. Dann verlassen wir das Fellhorn und steigen jenseits auf schmalem, aber gut begehbarem Pfad hinab, durchschreiten einen Sattel und steigen zum Schlappoltkopf (1968 m) an. Dann geht es aussichtsreich auf der Kammhöhe leicht fallend weiter. Auf der Höhe des Söllerkopfs zweigt nun rechts ein Pfad ab (Wegweiser), der uns steil hinab zur Schlappoltalpe führt. Die denkmalgeschützte Alp ist Deutschlands höchstgelegene und wohl auch größte Sennalpe. Wenn wir zur richtigen Zeit kommen, dann können wir dem Senn bei der Zubereitung des Bergkäses zusehen, falls nicht, lassen wir uns auf den Bänken auf der Terrasse nieder und probieren ihn bei einer Brotzeit.

Von der Schlappoltalpe zum Schlappoltsee Ein breiter Wirtschaftsweg führt uns nun nahezu eben unter dem soeben überschrittenen Kamm entlang hinüber zum Schlappoltsee, bei dem wir noch einen kurzen Aufenthalt einlegen, dann steigen wir recht steil das kurze Wegstück hinauf zur Mittelstation der Fellhornbahn (1780 m). Dort vertreiben wir uns die Zeit bis zur nächsten Gondel auf der Terrasse

Der Schlappoltsee am Fuß des Fellhorns.

Aussichtsreichste Höhenwanderung – Übergang vom Fellhorn zum Söllereck.

des Selbstbedienungsrestaurants oder am Spielplatz mit seiner aufregenden Tunnelrutsche.

Hinweis An der Fellhornbahn-Mittelstation (Station Schlappoltsee) beginnt ein gut ausgeschilderter Blumen- und Wanderlehrpfad mit 15 Info-Tafeln, der uns – geführt von der Fellhornmaus – über die Obere Bierenwangalpe (Einkehrmöglichkeit) und den Bierenwangsattel zur Bergstation der Fellhornbahn führt. Das Fellhorn gilt ja unter Botanikern als einer der besonderen Blumenberge der Allgäuer Alpen. Da die Gipfelhänge aus Flysch bestehen, also aus Ton und Kalk von Meeresablagerungen, ist der Untergrund ideal für zahllose Pflanzenarten. Allein der Enzian kommt hier oben in acht verschiedenen Arten vor. Daneben können wir – ohne Spezialisten sein zu müssen – Knabenkraut, Türkenbund oder auch die schlichte Silberdistel anschauen. Gehzeit: 1.30 Std.

Variante Mit großen Kindern können wir den gesamten Höhenweg zum Söllereck angehen; der Weg ist beliebt und daher gut ausgeschildert. Wir verpassen dabei zwar die Schlappoltalpe, können aber Einkehr in der Sölleralpe halten. Mit dem Bus geht es dann zurück zum Ausgangspunkt.

Unser Tipp

Die Skiflugschanze am Freibergsee, obwohl bereits 1972/73 erbaut, gehört mit 145 Metern Anlaufbahn und der Differenz zwischen Anlauf und Auslauf von 195 Metern zu den größten Schanzen der Welt. Von Pfingsten bis Ende September findet dort am Wochenende Bungee-Jumping statt. Zum Schanzentisch bringt uns ein Sessellift oder ein Aufzug.

24 Ifenhütte und Hoher Ifen

Auf den bizarrsten Gipfel der Allgäuer Alpen

Anfahrt

■ **Auto** Von Norden auf der B 19 über Sonthofen und Fischen ins Kleinwalsertal bis Riezlern. Am südlichen Ortsrand rechts über die Breitachbrücke und der Ausschilderung »Ifenbahn« folgend bis zum Ende der öffentlichen Fahrstraße bei der Auenhütte (1275 m); großer Wanderparkplatz.
■ **Bahn/Bus** Mit der Bahn bis Oberstdorf; weiter mit den grünen Walserbussen bis nach Riezlern im Kleinwalsertal; umsteigen in den Bus zur Talstation der Ifenbahn.

Höchster Punkt Hoher Ifen, 2229 m

■ **Talort** Riezlern im Kleinwalsertal, 1086 m.
■ **Bergbahn** Die Ifenbahn (Sessellift) ist nahezu ganzjährig in Betrieb; Fahrzeiten von Mitte Juni bis Ende Oktober: 9–12 Uhr und 13–16.30 Uhr. Tel. 00 43/55 17/5 33 40.
■ **Gehzeiten** Von der Bergstation der Ifenbahn (1600 m) zum Hohen Ifen 2.30 Std., Abstieg zur Bergstation 2 Std.; insgesamt 4.30 Std.
■ **Anforderungen** Anspruchsvolle Wanderung, nur für größere Kinder, am Gipfelaufbau Trittsicherheit erforderlich (einige Seilsicherungen), kleinere Kinder müssen angeseilt werden. Ohne Gipfelanstieg kann man auch im Bereich der Bergstation einen Abstecher zum Gottesackerplateau machen und zur Bergadlerhütte aufsteigen.
■ **Höhenunterschied** 640 m im Auf- wie im Abstieg.
■ **Alter** Zum Hohen Ifen ab 10 Jahren, zur Bergadlerhütte bzw. zur Alpe Melköde ab 5 Jahren.
■ **Karte** Topogr. Karte 1 : 50 000 Allgäuer Alpen (BLVA).

Am Anstiegsweg zur Ifenmulde.

Der Hohe Ifen ist allein aufgrund seiner Form einer der beeindruckendsten Berggipfel der Allgäuer Alpen. Einem Schiffsbug gleich ragt er aus der Masse der übrigen Berge heraus. Ein reizvolles Ziel für größere Kinder. Auf der Ifenhütte, bei der Bergstation der Ifenbahn – unserem Ausgangspunkt –, finden wir auf der großen Terrasse aber auch einen Kinderspielplatz vor, der die Bedürfnisse der kleineren Kinder bedient. Nördlich und östlich des Hohen Ifen schließt sich eine ausgedehnte Karrenlandschaft an, die bezeichnenderweise »Gottesacker« genannt wird und einer Mondlandschaft ähnelt. Auch sie lädt zur Entdeckung ein. Wir könnten auch zur Bergadlerhütte hinaufwandern oder den ausgeschilderten Panoramaweg durch die Südseite des Hohen Ifen ablaufen.

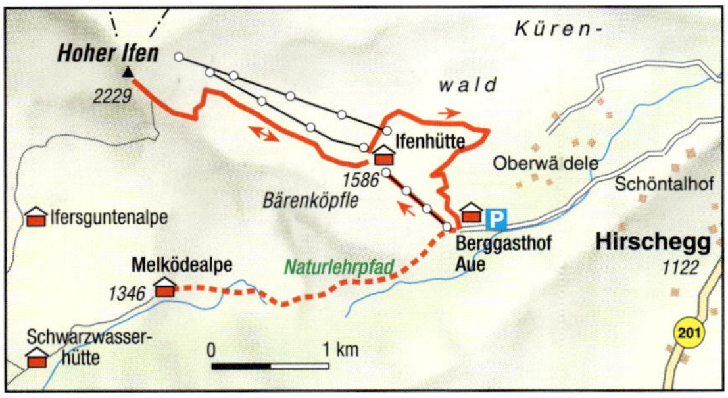

Falls wir jedoch nicht so hoch hinauswollen, können wir vom Ende der Fahrstraße bei der Auenhütte alternativ den Naturlehrpfad abwandern, der entlang des Schwarzwasserbaches angelegt wurde. Er führt zwar über die Jausenstation Melköde hinaus, garantiert werden wir aber bei dieser altehrwürdigen Sennalpe hängen bleiben und eine ausgiebige Brotzeit genießen, bevor wir den Rückweg antreten.

Die Route Von der Bergstation der Ifenbahn auf etwa 1600 Meter Höhe folgen wir der guten Ausschilderung zum Hohen Ifen und wandern auf breitem Wanderweg in Serpentinen über einen grasigen Hang hinauf zur Ifenmulde. Auf der rechten Seite geht es weiter am immer blockiger werdenden Hang bis zur Wegverzweigung unter der Ifenmauer. Links haltend folgen wir dann dem Steig durch ein weites Geröllfeld hinauf zu einem auffälligen Einschnitt, der uns den Durchschlupf zum Gipfelplateau bietet. Nach einigen mit Drahtseilen gesicherten Felsstufen haben wir die Geländekante überwunden und sehen uns unvermittelt der schräg abfallenden Gipfelwiese gegenüber. Über diese wandern wir dann gemächlich hinauf bis zum großen Gipfelkreuz. Achtung: Steilabfall! Die Rückkehr erfolgt auf dem Anstiegsweg.

Den **Abstieg** von der Ifenhütte könnten wir – falls wir uns vom Gipfel nicht losreißen konnten – auch auf dem Fahrweg hinab zur Auenhütte zurücklegen.

Variante Eine reizvolle Alternative ist die Wanderung von der Auenhütte Richtung Schwarzwasserhütte bis zur Alpe Melköde (1346 m). Entlang dieser Strecke wurde der Naturlehrpfad Schwarzwassertal angelegt. Die über 400 Jahre alte Sennalpe ist bekannt für die Herstellung des Melköder Bergkäses. Gehzeit: einfache Strecke: 1.30 Std.

Einkehr/Übernachtung

- **Berggasthof Aue** (1275 m), privat, nahezu ganzjährig bew., keine Übernachtung.
- **Ifenhütte** (1586 m), privat, nahezu ganzjährig bew., keine Übernachtung.
- **Mahdtalhaus** (1100 m), für Übernachtungen im Kleinwalsertal: Selbstversorgerhaus des Deutschen Alpenvereins bei Riezlern an, geöffnet von etwa 20. Dezember bis Ende Oktober, 24 Zimmerlager, 10 Notlager; Tel. 00 43/55 17/ 64 23.
- **Alpe Melköde** (1346 m), privat, von Mitte Mai bis Ende Oktober bew.

Bild oben: Die Ifenhütte ist ideal für Kinder – mit großer Terrasse und Spielplatz.

25 Eine Runde am Besler

Ein kleines alpines Abenteuer

Anfahrt

Auto Auf der B 19 über Sonthofen nach Fischen; dort rechts ab und über Obermaiselstein hinauf zum Riedbergpass (1420 m). Großer Parkplatz auf der Passhöhe. Oder einige hundert Meter hinab in Richtung Balderschwang; dort einige Parkmöglichkeiten am linken Straßenrand (1380 m).
Bahn/Bus Mit dem Allgäu-Schwaben-Takt nach Fischen bzw. Oberstdorf; von dort weiter mit dem Bus in Richtung Balderschwang bis zur Riedbergpasshöhe.

Bild Seite 73 oben: Der Besler mit seinen bizarren Felsformationen lässt sich von allen Seiten besteigen.

Höchster Punkt Besler, 1679 m

Talort Obermaiselstein, 859 m.
Gehzeiten Vom Parkplatz zum Besler 1.30 Std., Abstieg zur Frieburgarsalpe 1 Std., Rückkehr zum Ausgangspunkt 1.30 Std.; insgesamt 4 Std.
Anforderungen Erst auf Alpweg, dann auf Bergwanderwegen mit steilen Passagen (Seilsicherung). Südseite des Besler Alpfahrweg.
Alter Ab 6 Jahren.
Höhenunterschied 540 m im Auf- wie im Abstieg.
Karte Topographische Karte 1:50 000 Allgäuer Alpen (BLVA).

Der Besler ist ein markanter, felsendurchsetzter Bergrücken aus so genanntem Schrattenkalk, der uns bei der Auffahrt von Obermaiselstein zum Riedbergpass auf unserer linken Seite ein ständiger Begleiter ist. Mit seinem mehrgipfeligen Kamm und seinen teilweise schroffen Flanken gilt er als eine alpine Trutzburg, die jedoch auch für bergbegeisterte Kinder gut zu knacken ist. Es gibt Anstiegswege von allen Seiten, der kürzeste führt aber über den Riedbergpass. An unserer Anstiegsroute gibt es dann noch eine 30 Meter lange Variante mit Klettersteigcharakter (Drahtseilsicherung), die aber von Kindern gerne angenommen wird. Der Name wird vom Familiennamen Besler abgeleitet. Von seinem Gipfel bietet sich ein schöner Blick auf die Allgäuer Hochalpen. Falls wir nur bis zum Gipfel ansteigen und dann wieder umkehren wollen, müssen wir allerdings auf eine Einkehrmöglichkeit verzichten. Dafür steht dann aber noch als Ausgleich die Grasgehrenhütte oberhalb des Riedbergpasses zur Auswahl. Falls wir jedoch die komplette Runde auslaufen, bieten sich im Sommer zwei traditionsreiche Alpen an, von denen eine sogar unter Denkmalschutz steht.

Vom Riedbergpass zum Besler Vom Parkplatz auf der Passhöhe wandern wir ein Stück der Straße entlang in Richtung Balderschwang, bis nach etwa 400 Metern links ein Alpweg (Wegweiser »Besler«) abzweigt. Diesem folgen wir nun hinab zur Schönbergalpe (1335 m). Jenseits der Alpe weiter auf noch breitem Weg zu einer Wegverzweigung. Über Weidegelände dann auf Steig links haltend den Berghang hinauf zu den Felsen, links weiter und durch eine Karstrinne in einen kleinen Kessel. (Hier zweigt links der kleine Klettersteig ab, der unse-

ren Anstieg um eine Viertelstunde verkürzen könnte.) Bei der Wegverzweigung halten wir uns rechts und steigen durch eine Gratlücke. Jenseits kurz hinab, wo wir einem quer führenden Weg (Wegweiser) nach links folgen. Bald leitet uns der Weg dann durch leichtes Gelände rechts hinauf zum Gipfelkreuz, das auf einem kleinen Plateau steht.

Rückweg über die Obere Gundalpe Vom Gipfel des Besler gehen wir den Anstiegsweg zurück bis zur Wegkreuzung und folgen dann dem Wegweiser »Königsweg« am Fuß der Felsen entlang in Richtung Osten. Auf schmalem Grat dann hinab zur denkmalgeschützten Oberen Gundalpe. Unser Weiterweg leitet uns dann rechts zur Mittleren Gundalpe hinab. Ab dort folgen wir dem Alpfahrweg weiter über die Südseite des Besler hinab, gehen bei der Weggabelung rechts und erreichen dann bald die Frieburgarsalpe. Auf dem Alpweg weiter in Richtung Westen, bei der Weggabelung links, bis kurz vor der Dinigorgenalpe rechts der Wanderweg zur Schönbergalpe abzweigt. Nun müssen wir noch ein paar Höhenmeter ansteigen, um den Westausläufer des Besler zu überwinden, und folgen dann dem Alpweg zurück zur Riedbergpassstraße.

Variante Um die Route etwas abzukürzen, können wir vom Gipfel des Besler bzw. bereits dort, wo wir auf den Querweg treffen, auf gutem Bergweg direkt zur Frieburgarsalpe absteigen, wo wir wieder auf den Weg von der Oberen Gundalpe treffen.

Hütten & Almen

- **Grasgehrenhütte** (1447 m) privat, ganzjährig bewirtschaftet, 60 Schlafplätze in Zimmer- und Gruppenlagern; Tel. 0 83 26/77 73.
- **Obere Gundalpe** (1490 m), nur im Hochsommer bewirtschaftet.
- **Frieburgarsalpe** (1310 m), im Sommer bewirtschaftet.

Unser Tipp

Oberhalb von Obermaiselstein befindet sich der Alpenwildpark Berghof Schwarzenberg, dort können wir neben allerlei Wildtieren wie den Fuchs auch Hirsche mit mächtigen Geweihen betrachten. Ganzjährig ab etwa 8 Uhr bis zum Einbruch der Dunkelheit geöffnet, November bis Weihnachten jedoch nur an Wochenenden. Tel. 0 83 26/81 63.

26

Übers Riedberger Horn

Ein Grasgipfel und eine gemütliche Hütte

Anfahrt

Auto Auf der B 19 über Sonthofen nach Fischen; rechts ab und über Obermaiselstein hinauf zum Riedbergpass (1420 m). Auf der Passhöhe rechts ab zur Grasgehrenhütte; großer Parkplatz.
Bahn/Bus Mit dem Allgäu-Schwaben-Takt nach Fischen bzw. Oberstdorf; von dort weiter mit dem Bus in Richtung Balderschwang bis zum Riedbergpass und zur Grasgehrenhütte.

Bild Seite 75: Der Aufstieg zum Riedberger Horn beginnt sehr sanft; im Hintergrund der bewaldete Rücken des Bolgen.

Bild unten: Das Berghaus Schwaben verkörpert das Idealbild einer Bergwandererunterkunft mit viel Holz und Naturstein.

Höchster Punkt Riedbergerhorn, 1787 m

Talort Obermaiselstein, 859 m.
Gehzeiten Von der Grasgehrenhütte zum Riedbergerhorn 1.15 Std., vom Riedbergerhorn zum Großen Ochsenhorn 1.15 Std., Abstieg zum Berghaus Schwaben 20 Min., zur Grasgehrenhütte 1.30 Std.; insgesamt 4.30 Std.
Anforderungen Teils steile Alp- und Bergwanderwege. Auf der Nordseite des Riedbergerhorns harmlos felsig.
Alter Ab 6 Jahren.
Höhenunterschied 550 m im Auf- wie im Abstieg.
Karte Topogr. Karte 1 : 50 000 Allgäuer Alpen (BLVA).

Das Riedbergerhorn ist ein Grasgipfel über dem Riedbergpass und bietet trotz seiner relativ geringen Höhe eine schöne Aussicht auf das Illertal und die Berge rund um Balderschwang. Den kürzesten Anstieg schaffen auch kleine Kinder, denn er beginnt bei der Grasgehrenhütte wenig oberhalb des Riedbergpasses und erfordert lediglich die Überwindung von 340 Höhenmetern. Wenn wir ein bisschen mehr Zeit haben und eine Übernachtung einplanen wollen, finden wir auf der Hälfte der Tour mit dem Berghaus Schwaben eine reizvolle, typische Allgäuer Bergunterkunft. Auf dem Kammweg zwischen Riedberger Horn und Großem Ochsenkopf ist der Bergwanderpfad recht abwechslungsreich, die Kinder können ein paar leichte Felsen überklettern und außerdem gibt es dort oben ein kleines Hochmoor.

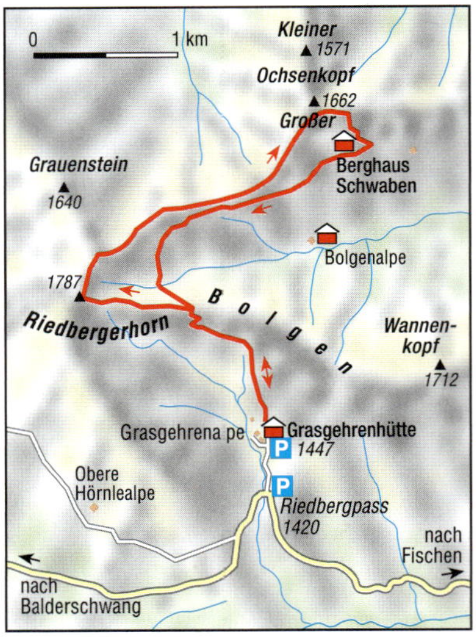

Aufstieg zum Riedberger Horn Vom Parkplatz an der Grasgehrenhütte folgen wir dem ausgeschilderten und breiten Alpweg durch die weiten Bergwiesen leicht bergan. Der Weg geht in einen Bergwanderweg über, wird etwas steiler und führt mit ein paar Kehren hinauf zu einem Sattel in dem Gratrücken, der den Bolgen nach Westen abschließt. Dort halten wir uns links und wandern über den grasigen Gratrücken – zuletzt steil – (im Frühsommer sehen wir hier jede Menge blühende Alpenrosen) hinauf zum Gipfel des Riedberger Horns.

Übergang zum Berghaus Schwaben Wir steigen nun jenseits des Riedberger Horns hinab, wobei einige leichte felsige Stellen für Abwechslung sorgen. Bei der Wegverzweigung auf einer unbenannten Kuppe halten wir uns rechts und steigen dann – immer auf der Grathöhe bleibend – hinab zum tiefsten Punkt auf dem Grat, der das Riedberger Horn mit dem Großen Ochsenkopf verbindet. Dann steigen wir wieder leicht an, passieren ein kleines Hochmoor und erreichen dann den Großen Ochsenkopf (1662 m), der sich direkt über dem Berghaus Schwaben erhebt. Jenseits nun steil hinab über Grashänge und durch lichten Wald zum Berghaus Schwaben.

Rückkehr zur Grasgehrenhütte Vom Berghaus Schwaben nehmen wir zu Beginn den breiten Alpweg (Wegweiser »Grasgehrenhütte«), der unter dem Verbindungskamm, der Riedberger Horn und Großen Ochsenkopf verbindet, entlangführt. Wir wandern durch Weidehänge, gehen ein paar Taleinbuchtungen aus und steigen dabei langsam an. Bei der ersten Wegverzweigung halten wir uns links, bei der folgenden rechts und erreichen dann den Sattel am Bolgengrat. Auf dem Anstiegsweg zurück zum Ausgangspunkt .

Einkehr/Übernachtung

■ **Grasgehrenhütte** (1447 m), privat, ganzjährig bewirtschaftet., 60 Schlafplätze in Zimmer- und Gruppenlagern; Tel. 0 83 26/77 73.

■ **Berghaus Schwaben** (1510 m), privat, ganzjährig bewirtschaftet, 27 Betten, 20 Lager, Übernachtung nach Voranmeldung; Tel. 0 83 26/4 38.

Unser Tipp

Beim Sportbad an der B 19, südlich von Fischen, gibt es ein großes Erlebnis- und Familienbad mit 58-m-Rutschbahn, Kletternetz, Massagepilz, Wasserspielgarten, Beach-Volleyballplatz, Fußball- und Badminton sind ebenfalls möglich. Für die Kleinen gibt es ein Kinderplantschbecken. Geöffnet von Mitte/Ende Mai bis Anfang September, täglich von 9–17 Uhr, im Hochsommer bis 19 Uhr.

27 Die Hörnerrunde

Panoramatour mit und ohne Gipfeleinlagen

Anfahrt

Auto Auf der B 19 bis Sonthofen-Süd, dann über Sigishofen nach Ofterschwang und zur Talstation des Weltcup-Expresses; dort mehrere Parkplätze.
Bahn/Bus Mit dem Allgäu-Schwaben-Takt bis Sonthofen oder Fischen. Dann mit dem Bus entweder nach Ofterschwang oder nach Fischen (wenn die Tour von dort aus gestartet werden soll).

Hinweis:
Die beiden Bergbahnen bieten für die »Hörner-Tour« ein Kombi-Ticket an. Kinderwagen und Kinder unter 6 Jahren werden kostenlos transportiert.

Höchster Punkt Weiherkopf, 1665 m

Talort Ofterschwang, 864 m.
Die Bergbahnen Weltcup-Express-Bahn (4er-Sessellift) ab Ofterschwang zur Bergstation (1304 m). Die Hörnerbahn Bolsterlang (Kleinkabinenbahn) bringt uns über zwei Sektionen wieder hinab ins Tal. Beide Bahnen sind von 8.30–16.30 Uhr in Betrieb. Info: Bergbahnen Ofterschwang-Gunzesried: Tel. 0 83 21/67 03 33; Info: Hörnerbahn Bolsterlang: Tel. 0 83 26/90 91.
Gehzeiten Für die gesamte Überschreitung mit Gipfeleinlagen 3 Std., ohne Gipfeleinlage etwa 1 Std. weniger. Für kleine Kinder bietet sich die Umrundung des Ofterschwanger Horns an (1 Std.), auch mit dem Kinderwagen möglich. Übergang vom Weiherkopf zur Bergstation der Hörnerbahn 20 Minuten. Abstieg vom Weiherkopf zur Mittelstation 30 Minuten; Abstieg von der Mittelstation ins Tal. 1 Std.
Anforderungen Leichte Höhenwanderung auf teils breiten Alpwegen, Bergwanderwegen und leichten Bergpfaden.
Alter Für die gesamte Überschreitung ab 6 Jahren; für die Umrundung des Ofterschwanger Horns ab 4 Jahren.
Höhenunterschied Bei Benutzung der Bergbahnen für diverse kleine Auf- und Abstiege (einschließlich Gipfeleinlagen), Auf- wie für den Abstieg ab Mittelstation.
Karte Topogr. Karte 1 : 50 000 Allgäuer Alpen (BLVA).

An der Fahnengehrenalpe gibt es natürlich nur Selbstbedienung.

Die Hörnerrunde über Ofterschwang und Bolsterlang ist ein Klassiker des Familienwanderns in den Allgäuer Alpen. Zwei Bergbahnen unterstützen uns dabei, Höhenmeter zu sparen und uns ganz dem genussvollen Wandern hinzugeben. Auf unserer Überschreitung der »Hörner« vom Ofterschwanger Horn bis zum Weiherkopf genießen wir die herrlichen Ausblicke auf das gesamte Illertal. Mehrere Gipfel entlang des Weges können wir seitlich passieren oder auch überschreiten, je nach Gusto. Als reizvolle Einkehrstelle am Weg bietet sich schon bald die Fahnengehrenalpe an, eine typische Allgäuer Alpe mit viel Vieh und sogar einem Esel auf der Weide. Falls wir mit kleinen Kindern unterwegs sind, steigen wir noch hinauf aufs Ofterschwanger Horn und kehren dann auf dem breiten Alpweg – der Alternativ-

route – zur Bergstation zurück. Falls wir eine längere Tour mit Übernachtung einplanen wollen, können wir diese Route ideal mit Tour 26 kombinieren und bis hinüber zur Grasgehrenhütte wandern und somit noch ein paar weitere Gipfel überschreiten. Als Übernachtungsmöglichkeit bieten sich dann das Berghaus Schwaben und die Grasgehrenhütte an, wobei wir von dort auch mit dem Bus noch am Spätnachmittag ins Tal fahren könnten. Wollen wir die Tour aber früher beenden, können wir vom Weiherkopf am Ende der Gipfelkette zur Bergstation der Hörnerbahn hinüberwandern und sanft ins Tal hinabschweben. Als weitere Möglichkeit bietet sich die Übernachtung auf dem Hörnerhaus an, das nur wenig oberhalb der Mittelstation der Bergbahn liegt und sich gut als Übernachtungsstation für große Familien, ja sogar ganze Schulklassen eignet.

Bei der Talstation des Weltcup-Expresses gibt es einen großen Kinderspielplatz.

Eine Umrundung des Ofterschwanger Horns Von der Bergstation des Weltcup-Expresses gehen wir ein paar Meter hinab zum breiten Alpweg, der vom Allgäuer Berghof heraufkommt und weiter zur Fahnengehrenalpe führt. Auf dieser biegen wir nun links ein und nehmen aber schon nach wenigen Metern den rechten Abzweiger. Wir passieren ein Viehgatter und wandern dann auf breitem Weg durch Bergweiden

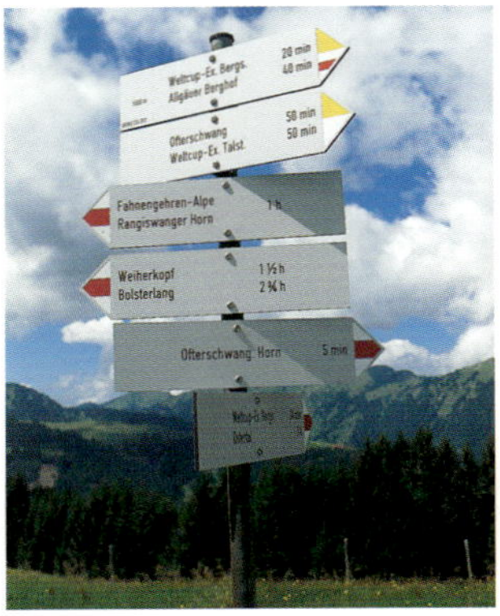

Die Hörnertour ist immer gut ausgeschildert.
Bild unten: Das Ofterschwanger Horn von Süden.

Einkehr/Übernachtung

■ **Restaurant Weltcuphütte** (1300 m), bei der Bergstation, nahezu ganzjährig geöffnet.
■ **Wurzelhütte** (932 m), nahezu ganzjährig bew.
■ **Meinrads Brotzeithütte** (925 m), mit Spielplatz, Streichelzoo, Damwildgehege, Ponyreiten, nahezu ganzjährig bewirtschaftet.
■ **Fahnengehrenalpe** (1330 m), im Sommer bewirtschaftet.
■ **Berggaststätte Mittelstation** (1200 m), während der Betriebszeiten der Hörnerbahn bewirtschaftet.
■ **Hörnerhaus** (1400 m), privat, wenige Min. abseits der Route, ganzjährig bewirtschaftet, 130 Betten in Mehrbettzimmern und Lagern, ideal für Gruppen, Tel. 0 83 26/6 39.
■ **Alpe Ornach** (1200 m), neben der Mittelstation der Hörnerbahn, von Mitte Juni bis Anfang Oktober bewirtschaftet.

und ein kleines Waldstück rechts um das Ofterschwanger Horn. Bald weitert sich der Blick und schweift über das Gunzesrieder Tal hinweg auf die Nagelfluhkette mit Stuiben und Hochgrat. Wir durchwandern dann ein kurzes Waldstück und haben bald die Fahrengehrenalpe erreicht. Von hier bietet sich der kurze Abstecher auf das Ofterschwanger Horn an, das über einengrasigen Pfad schnell erreicht ist. Dann wandern wir auf dem breiten Alpweg rechts um das Horn herum zurück zur Bergstation der Bergbahn.

Die Panoramaroute zum Weiherkopf Wir gehen dann an der Fahnengehrenalpe links vorbei und folgen nach einem Weidegatter dem ansteigenden Bergwanderweg, der seitlich durch den teilweise bewaldeten Hang am Sigiswanger Horn vorbeiführt. Der Gipfelabstecher dort hinauf lohnt nicht, da der Gipfel bereits wieder bewaldet ist. Vorbei an der Sigiswanger Hornalpe erreichen wir die Kammhöhe. Hier bietet sich die Überschreitung des Rangiswanger Horns an.

Alternativ können wir jedoch seitlich durch die Ostflanke den Gipfel umgehen. Nun immer auf der überwiegend bewaldeten Kammhöhe leicht ansteigend hinauf zum Weiherkopf, wo wir wieder Aussicht genießen können. Und vielleicht haben wir ja Glück und können den Gleitschirmflieger, die hier einen günstigen Startplatz haben, beim Abheben zuschauen.

Der Abstieg nach Bolsterlang Vom Weiherkopf, am Ende der Gipfelroute, steigen wir auf dem breiten und teilweise gestuften Weg geradewegs hinab und könnten nun bequemerweise auf dem breiten Gratrücken des Bolsterlanger Horns zur Bergstation der Hörnerbahn hinüberwandern. Wir halten uns jedoch links (rechts geht es auf breitem Weg zum Berghaus Schwaben) und folgen dem breiten Weg hinab bis zur Mittelstation, wo sich kurz vorher mit der Alpe Ornach noch eine Einkehrmöglichkeit anbietet, die bereits im 15. Jahrhundert urkundlich als Sennalpe erwähnt ist. Von der Mittelstation ist es nicht weit bis zum Hörnerhaus, doch der Weg dorthin ist mit einem kurzen Gegenanstieg verbunden. Falls wir uns hier nicht von der Bergbahn verführen lassen, müssen wir noch den breiten, kehrenreichen Weg nehmen, der uns nun bald durch Wald hinab zur Talstation der Hörnerbahn bringt.

Varianten Die Gipfel Ofterschwanger Horn und Rangiswanger Horn – ja auch der Weiherkopf – lassen sich auf dieser Tour jeweils umgehen. Für eine ungehinderte Aussicht empfiehlt sich jedoch die Ersteigung mindestens eines Gipfels, da wir uns auf dieser Route teilweise in den Bergflanken bewegen.

Unser Tipp In Fischen wurde eine Sägemühle, die bereits im 17. Jahrhundert erwähnt wurde, aufwändig restauriert und dem Publikum zugänglich gemacht. Jeden Freitag (von 17.30–18.30 Uhr) können wir uns in der Obermühle über die Besonderheiten der Holzverarbeitung informieren. Die historische Mühle liegt am westlichen Ortsrand und ist über die Mühlenstraße zu erreichen; in dieser auch parken, dann der Ausschilderung zur »Sägemühle« folgen.

Bild oben: Die Hörnertour ist bei Groß und Klein beliebt.

28 Auf den Siplingerkopf

In die Wunderwelt der Nagelfluhfelsen

Anfahrt

■ **Auto** Auf der B 19 bis Ausfahrt Immenstadt und über Blaichach ins Gunzesrieder Tal und weiter bis zur Gunzesrieder Säge (930 m). Dort beginnt die mautpflichtige Straße ins Aubachtal, der wir 5 km bis zur Hinteren Aualpe (1052 m) folgen. Dort Wanderparkplatz.
■ **Bahn/Bus** Mit dem Allgäu-Schwaben-Takt bis Blaichach oder Sonthofen, dann weiter mit dem Bus bis Gunzesrieder Säge. Von dort allerdings noch 5 km bis zum Ausgangspunkt (1.15 Std.).

Höchster Punkt Siplingerkopf, 1746 m

■ **Talort** Blaichach, 733 m.
■ **Gehzeiten** Von der Hinteren Aualpe zum Siplingerkopf 2.30 Std., Abstieg über die Hirschgundalpe 2 Std.; insgesamt 4.30 Std.
■ **Anforderungen** Steile Wanderung, im unteren Bereich auf Alpwegen, im oberen Bereich auf schmalen Bergpfaden. Bis zum Gipfel ohne größere Probleme, Trittsicherheit aber erforderlich; die Überschreitung des Siplingerkopfs zum Heidenkopf erfordert Schwindelfreiheit. Gipfelgrat teilweise lehmig. Nicht bei Nässe begehen, dann Übergang sehr gefährlich!
■ **Alter** Ab 8 Jahren; der Übergang zum Heidenkopf nicht unter 12 Jahren.
■ **Höhenunterschied** 725 m im Auf- wie im Abstieg.
■ **Karte** Topogr. Karte 1 : 50 000 Allgäuer Alpen (BLVA).

Ja, wo bleibt ihr denn? Der Weg ist noch weit. Am Weg zum Siplingerkopf.

Das Gunzesrieder Tal ist ab Gunzesrieder Säge nahezu verkehrsfrei und überrascht mit zahlreichen kleinen Weilern und Einzelhöfen, von denen viele noch die traditionelle Schindelbedeckung aufweisen. Im hinteren Talbereich überrascht uns die Landschaft mit ungewöhnlichen Felsformationen, den Siplingernadeln. Diese aus Nagelfluh bestehenden Türme sind zwar nicht zu erklettern, geben aber ein faszinierendes Landschaftsbild ab. Über allen thront der Siplingerkopf, dem wir bei dieser Tour sprichwörtlich auf den Kopf steigen wollen. Direkt beim Ausgangspunkt bietet nach der Tour der Aubach noch interessante Spielmöglichkeiten.

Die Rundtour Vom Parkplatz bei der Hinteren Aualpe queren wir den Aubach und folgen zunächst dem Wegweiser in Richtung »Hirschgundalpe«. Gleich hinter der Brücke halten wir uns rechts und wandern am Aubach entlang. Ein Steg führt uns über einen Seitenbach, dann steigt er in Serpentinen an und durch einen lichten Wald – durchsetzt mit Nagelfluhfelsen – erreichen wir die abgelegenen Weideflächen der Siplingeralp. Über uns thront die Siplingernadel, die unschwer zu erkennen ist,

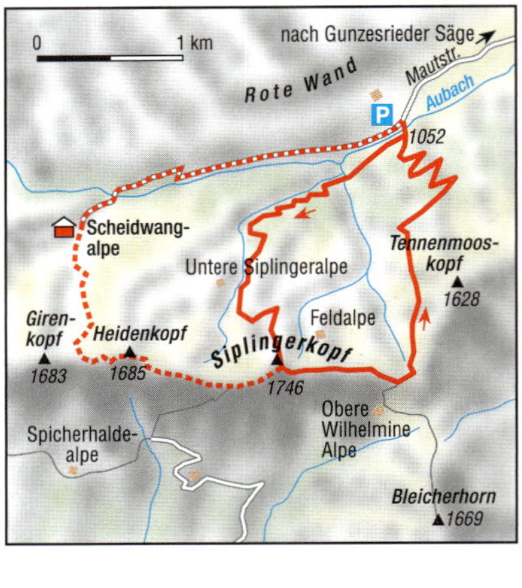

da sie von einem Kreuz geschmückt wird. Der gut ausgebaute Wanderweg endet hier und nun steigen wir auf schmalem Pfad weiter bergan. Erst oberhalb der Alpwiesen wird der Weg nun wieder deutlich. Seitlich an der Siplingernadel vorbei erreichen wir über kurze Serpentinen den Nordgrat des Siplingerkopfs. Über den schrofendurchsetzten Grat gelangen wir dann hinauf zum Gipfelkreuz. Auf der Ostseite des Siplingerkopfs erfolgt dann der Abstieg auf einem Teilstück des Oberallgäuer Rundwegs hinab in eine Mulde, dann leichter Gegenanstieg bis in den Sattel (1560 m) oberhalb der Oberen Wilhelminealp. Dort weist uns links ein Wegweiser die Route zu den Hirschgundalpen. Von dort schlendern wir auf dem breiten Alpfahrweg in weiten Kehren hinab ins Aubachtal zurück zu unserem Ausgangspunkt.

Variante Mit großen Kindern können wir auch den Übergang zum Heidenkopf machen. Dieser erfordert jedoch bereits Bergerfahrung, Trittsicherheit und Schwindelfreiheit. Ausgesetzte felsige Stellen erwarten uns dabei am tiefsten Punkt des Übergangs zum Heidenkopf sowie kurz unterhalb dieses Gipfels im Abstieg in Richtung Scheidwangalpe.

Einkehr/Übernachtung

Auf der Rundtour gibt es leider keine Einkehrmöglichkeit. Falls wir jedoch die Mautstraße ab Ausgangspunkt weiterfahren treffen wir auf die:

- **Schweidwangalpe** (1368 m), bewirtschaftet von Ende Mai bis Mitte Oktober.
- **Gasthaus Alpenrose** (930 m) bei der Gunzesrieder Säge, ganzjährig bewirtschaftet.

Unser Tipp

Für kleinere Kinder (ab 4 Jahren) empfiehlt sich im Gunzesrieder Tal der Besuch des Ostertaltobels. Der Start ist bei der Gunzesrieder Säge (Parkplatz, 930 m) und führt ins tief eingeschnittene Tal des Ostertalbaches. Der gut angelegte Steig überwindet steile Felsstufen und passiert mehrere Wasserfälle. Am Tobelende Rastplatz mit Pavillon.
Die Rückkehr erfolgt auf demselben Weg oder über die Buhlsalpe (Fahrweg, aber mit Einkehrmöglichkeit).
Gehzeit: 1.30 Std.

Bild oben: Am Gipfelkreuz des Siplingerkopfs.

29 Gipfelrunde am Hochgrat

Und Abstieg mit zahlreichen Einkehrstopps

Anfahrt

■ **Auto** Auf der B 308 nach Oberstaufen, dann hinab nach Weissach, jenseits wieder hinauf nach Steibis und weiter zur Talstation der Hochgratbahn bei der Eibelealm; dort großer, gebührenpflichtiger Parkplatz.

■ **Bahn/Bus** Mit der Bahn auf der Strecke Immenstadt–Lindau bis Oberstaufen, von dort mit dem Bus über Steibis bis zur Talstation der Hochgratbahn (stündlicher Pendelverkehr vom Bahnhof Oberstaufen).

Höchster Punkt Hochgrat, 1834 m

■ **Talort** Oberstaufen, 791 m.

■ **Bergbahn** Hochgratbahn (Kleinkabinenbahn) von der Talstation (856 m) zur Bergstation (1708 m) am Hochgrat. Betrieb von 8.30–17 Uhr. Tel. 0 83 86/82 23.

■ **Gehzeiten** Auf- und Abstieg Hochgrat 1.15 Std.; Abstieg über die Falkenhütte zur Talstation 3.30 Std.; insgesamt 4.15 Std. Direkter Abstieg zur Talstation 2 Std.

■ **Anforderungen** Anstieg auf den Hochgrat auf breitem Wanderweg; Abstiegsrunde im Gipfelbereich auf felsigem Steig und auf schönen Bergwegen, im unteren Bereich auf Alpfahrwegen. Im Gipfelbereich Trittsicherheit erforderlich.

■ **Alter** Hochgrat ab 4, Abstiegsrunde ab 6 Jahren.

■ **Höhenunterschied** Von der Bergstation zum Hochgrat 130 m im Auf- und Abstieg; Abstiegsrunde: 130 m im Auf- und 970 m im Abstieg.

■ **Karte** Topographische Karte 1 : 50 000 Allgäuer Alpen (BLVA).

Der Hochgrat ist nicht nur der höchste Gipfel der Westallgäuer Berge, sondern auch ein großartiger Ausblicksberg. Bei schönem Wetter reicht der Blick bis zum Bodensee. Auch wenn wir nur einen kurzen Ausflug machen wollen, bietet sich die Tour an, denn selbst wenn wir erst am Nachmittag losziehen, ist der Gipfel noch zu machen. Obwohl der Hochgrat nach Norden mit steilen Felsabbrüchen abfällt, ist er auch für Nichtschwindelfreie zu schaffen, denn der Weg ist breit und an den Abbruchstellen mit Drahtseilen gesichert. Eine Sehenswürdigkeit eigener Art ist das Gipfelkreuz aus dem Jahre 1893, das aus genieteten Eisenblechen besteht. Haben wir mehr Zeit, wan-

Bild Seite 83: Rückblick vom Weg zur Falkenhütte auf den Hochgrat; links unten befindet sich das Staufner Haus.

dern wir nach der Ersteigung des Hauptgipfels zurück zur Bergstation und wandern dann weiter in Richtung Westen und überschreiten einen Teil der Nagelfluhkette. Über mehrere Einkehrstellen erreichen wir dann wieder die Talstation der Hochgratbahn.

Der Anstieg auf den Hochgrat An der Bergstation der Hochgratbahn wandern wir um das Gebäude herum und folgen links dem breiten Pfad an der Gratkante entlang oder – falls wir nicht schwindelfrei sind – rechts davon durch die freien Hänge hinauf zum Gipfelkreuz.

Die Abstiegsroute Vom Gipfel des Hochgrats wandern wir auf demselben Weg zurück zur Bergstation und folgen dann dem breiten Weg auf dem Kamm (Wegweiser »Falkenhütte«) in Richtung Westen. Nach wenigen Minuten führt rechts ein schmaler Fahrweg hinab und mit einem Schlenker nach links würden wir das Staufner Haus erreichen, das sich für eine Übernachtung anbietet. Dann wird der breite Weg zum Pfad und wir wandern auf dem Nagelfluhgrat nach Westen, überschreiten (oder umgehen) den Seelekopf, den Hohenfluhalpkopf und die Rohnehöhe, die aufgrund ihrer Zusammensetzung aus Nagelfluh interessante Gesteinsbildungen und eine üppige Flora aufweisen und so für Abwechslung sorgen. Die Einschartungen zwischen Gipfeln sind nur mäßig, sodass wir keine großen Höhenunterschiede zu bewältigen haben. Der Steig führt über vereinzelte Felsstufen mit Drahtseilsicherungen und einer Eisenleiter. Nach der Falkenhütte folgen wir den Wegweisern zur Talstation und passieren auf unserem Abstiegsweg erst zwei uralte Bergahorne, bis wir den Berggasthof Stiegalpe erreichen. Hier nehmen wir den unteren Weg, der uns über die Untere Stiegalpe zur Talstation bringt.

Einkehr/Übernachtung

- **Restaurant in der Bergstation** (1708 m), nahezu ganzjährig bewirtschaftet.
- **Staufner Haus** (1614 m), Alpenvereinshütte, von Anfang Mai bis Allerheiligen bewirtschaftet, 10 Betten, 70 Lager; Tel. 0 83 86/82 55. Zu Fuß 10 Min. Abstieg von der Bergstation der Hochgratbahn.
- **Falkenhütte** (1450 m), privat, ganzjährig bewirtschaftet, Montag Ruhetag, 80 Betten und Lager; Tel. 0 83 86/81 13.
- **Schneelochalpe** (1276 m), privat, ganzjährig bewirtschaftet, 35 Lager.
- **Stiegalpe** (1178 m), ganzjährig bewirtschaftet, Übernachtungsmöglichkeit.
- **Obere Lauchalpe** (1420 m), von Mitte Mai bis Anfang Oktober bewirtschaftet.
- **Untere Lauchalpe** (1020 m), etwas oberhalb des Abstiegsweges; von Mitte Mai bis Anfang Oktober bewirtschaftet, Montag Ruhetag.

30

Mittagberg und Steigbachtobel

Bayerns längste Sesselbahn und der romantische Steigbachtobel

Anfahrt

Auto Auf der A 7 nach Kempten und weiter auf der B 19 bis Abfahrt Immenstadt (oder auf der B 308 von Sonthofen), durch die Stadtmitte bis zur Talstation der Mittag-Schwebebahn; dort parken. Wer nur in den Steigbachtobel wandern möchte, parkt entweder am Bahnhof oder am Eingang ins Steigbachtal.
Bahn/Bus Mit dem Allgäu-Schwaben-Takt nach Immenstadt; von Bahnhof zu Fuß in 10 Min. zum Ausgangspunkt.

Bild Seite 85 oben: Blick vom Mittagberg über das Illertal und Sonthofen hinweg auf die östlichen Allgäuer Alpen.

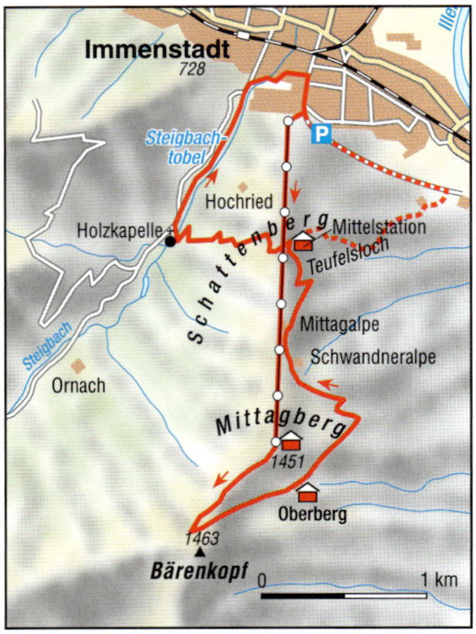

Höchster Punkt Mittagberg, 1451 m

Talort Immenstadt, 728 m.
Bergbahn Die Mittag-Schwebebahn führt in zwei Sektionen hi-nauf zum Mittagberg (730–1451 m) und ist fast ganzjährig in Be-trieb. Fahrzeiten in der Sommersaison von 8–12 Uhr und von 12.30–16 Uhr. Tel. 0 83 23/61 49.
Gehzeiten Aufstieg zum Bärenkopf 15 Min.; Abstieg vom Mittag über Mittagalpe 2.30 Std.; Wanderung in den Steigbachtobel: Hin- und Rückweg 2 Std.
Anforderungen Am Gipfel des Mittag Bergwanderwege; Abstieg ins Tal auf Alpfahr- und Wanderweg; guter Weg durch den Steigbachtobel, mit vielen Stufen, Treppen und Holz- und Eisengeländer.
Alter Ab 4 Jahren.
Höhenunterschied 12 m im Anstieg, 735 m im Abstieg.
Karte Topographische Karte 1:50 000 Allgäuer Alpen (BLVA).

Die bunten Schirme der Gleitschirmflieger und die nicht weniger beeindruckenden Drachenflieger bestimmen am Mittag das Bild auf den ersten Blick. Aber der Mittag ist auch der Familienberg der Immenstädter. Die Bergstation der Mittagbahn – immerhin Bayerns längste Sesselbahn – ist Ausgangspunkt für interessante Höhenwanderungen. Der Übergang zum Steineberg und weiter zum Stuiben ist jedoch nur für große, bergerfahrene Kinder sinnvoll. Eine leichte Strecke ist jedoch der Abstieg nach Gunzesried, von wo aus wir mit dem Bus nach Immenstadt zurückkehren könnten. Wir ziehen jedoch heute den Abstieg über die Mittelstation vor und wandern dann links hinab zur hölzernen Kapelle, wo sich während des Dreißigjährigen Krieges die Immenstädter vor den anrückenden Schweden in Sicherheit gebracht haben sollen. Von dort lassen wir den Tag mit einer Durchwanderung des Steigbachtobels ausklingen, der uns noch zahlreiche Spielmöglichkeiten am Wasser bietet.

Über das Bärenköpfle zur Alpe Oberberg Von der Bergstation der Mittagbahn folgen wir rechts haltend dem Wanderweg durch Bergwiesen in Richtung Steinberg bis zum Sattel unter dem Bärenköpfle; von dort führt uns ein Steig hinauf zum Gipfel. Anschließend wandern wir durch die bewaldete

Südseite des Mittag hinab zur Alpe Oberberg mit kleiner Terrasse und Blick hinab ins Gunzesrieder Tal.

Abstieg zum Steigbachtobel Von der Alpe Oberberg folgen wir anschließend dem leicht ansteigenden Alpweg hinauf zum Ostkamm des Mittag, dann jenseits hinab und links haltend hinüber zur Schwandneralpe. Rechts vom nordwärts hinabziehenden Kamm folgen wir dem Alpweg – parallel zur Trasse der Mittagbahn – über die Mittagalpe hinab zur Mittelstation, wo uns eine schöne Sonnenterasse und ein Kinderspielplatz erwarten. Anschließend folgen wir links dem breiten und ausgeschilderten Weg durch den bewaldeten Schattenberg hinab ins Steigbachtal, das wir bei der hölzernen Kapelle erreichen. Nun gehen wir talaus und zweigen bald rechts in den Steigbachtobel ab, der uns direkt nach Immenstadt bringt.

Variante Wir können allerdings – falls wir nicht so viel Zeit haben – vom Zentrum Immenstadts direkt in den leicht bewaldeten Steigbachtobel wandern. Dort erwarten uns eine gute Weganlage, zahlreiche Wasserfälle und Gumpen und jede Möglichkeit für einen Stopp zum Spielen. Vom Bahnhof in Immenstadt wandern wir in Richtung Stadtmitte und biegen dann rechts in die Adolf-Probst-Straße ein, die uns vorbei an einer Kirche in den Steigbachtobel führt. Da der Weg ausgeschildert ist, können wir ihn auch nicht verfehlen. Über Holzstufen und Eisenstege wandern wir durch die teilweise enge Klamm, bis unser Pfad auf einen Alpweg einbiegt, auf dem wir dann geradewegs nach Immenstadt zurückkehren können. Falls wir links haltend noch ein Stück in Richtung Almagmach weiterlaufen, treffen wir auf die hölzerne Kapelle mit einem Unterstand.

Einkehr/Übernachtung

- **Mittagbahn-Mittelstation** (1060 m), nahezu ganzjährig bewirtschaftet. Tel. 0 83 23/87 90.
- **Mittagbahn-Bergstation** (1451 m), nahezu ganzjährig bewirtschaftet. Tel. 0 83 23/35 55.
- **Alpe Oberberg** (1305 m), bewirtschaftet von Ende Mai bis Ende Oktober, Übernachtung auf Anfrage; Tel. 0 83 23/67 84
- **Schwandneralpe** (1240 m), im Sommer einfach bewirtschaftet.

Gipfelkreuz am Bärenköpfle.

Was es sonst noch gibt

Unser Tipp

An der Fellhornbahn-Mittelstation (Schlappoltsee) beginnt ein Blumen- und Wanderlehrpfad mit 15 Info-Tafeln, der uns über die Obere Bierenwangalpe und den Bierenwangsattel zur Bergstation der Fellhornbahn führt. Gehzeit: 1.30 Std. (siehe Tour 23).

Bild Seite 86/87: Blick über den Freibergsee bei Oberstdorf auf den Schattenberg, das Gaisalphorn und das Rubihorn.

Bild unten: Im Heimatmuseum von Sonthofen können wir die traditionelle Lebensweise der Allgäuer Revue passieren lassen.

Allgäuer Bergbauernmuseum

Im Dorf Diepolz bei Immenstadt finden wir am Südhang des Hauchenberges dieses besonders für Kinder abwechslungsreiche Museum, das uns das Leben der Bergbauern näher bringt. In einer Dorfkäserei können wir bei der Herstellung von Käse zusehen. Einkehr gibt es im Gasthaus und in der Museumsalpe. Öffnungszeiten: von Mai bis Oktober täglich von 10–18 Uhr.

Allgäuer Käsweg

Rund um Wiggensbach führt ein 30 Kilometer langer Wanderweg, der den Wanderer an über 20 teils stillgelegten Käsereien vorbeiführt. Die Route beginnt in Wiggensbach und ist ausgeschildert. Es können auch Teilstrecken gewandert werden. Dazu gibt es eine Original-Käsweg-Wanderkarte (vor Ort erhältlich). Mehrere Einkehrmöglichkeiten am Weg. Anschließend besuchen wir die Käsküche des Allgäuer Käsemuseums in Wiggensbach im WIZ (Informationszentrum); Besichtigungen und Führungen auf Anfrage.

Alpenwildpark

Oberhalb von Obermaiselstein befindet sich der Alpenwildpark Berghof Schwarzenberg, dort können wir neben allerlei Wildtieren wie den Fuchs auch Hirsche mit mächtigen Geweihen betrachten. Ganzjährig ab etwa 8 Uhr bis zum Einbruch der Dunkelheit geöffnet, November bis Weihnachten jedoch nur an Wochenenden. Tel. 0 83 26/81 63.

Alpines Museum Kempten

Im Marstall der ehemaligen fürstäbtlichen Residenz (Landwehrstraße 4, Tel. 08 31/2 52 57 40) in Kempten ist mit dem Alpinen Museum ein Zweigmuseum des Bayerischen Nationalmuseums in München untergebracht. Mittlerweile gilt es als größtes Alpinmuseum ganz Europas. Auch wenn viele Exponate bei Kindern vielleicht nur Schulterzucken ernten mögen, es gibt auch einen Saal, wo sie in ihrem Element sein können. Dort werden Fossilien, Steine, Tiere der Alpen und Bäume ausgestellt. Öffnungszeiten: Dienstag bis Sonntag von 10–16 Uhr.

Immer wieder spannend, gerade für Kinder: eine Fahrt mit der Pferdekutsche. Im Allgäu heißen sie Stellwagen. Damit werden zum Teil noch heute die autofreien Nebentäler bedient.

Badeseen

33 Seen machen das Allgäu zu einem idealen Revier für Wasserfreunde. Die Gegend um Füssen ist besonders mit schönen Badeseen gesegnet. Alle paar Kilometer findet man einen kleinen oder größeren See, der zum Baden oder zum Wassersport einlädt. Auf dem Forggensee gibt es sogar regelmäßige Schiffsverbindungen. Die Palette der Allgäuer Seen reicht vom kleinen Moorweiher bis zur »Riviera des Allgäus« am Hopfensee. Die Wassertemperaturen erreichen wie z. B. am Niedersonthofener See bis zu 25°C.

Bauernhofmuseum Illerbeuren

Dieses Freilichtmuseum (Museumsstraße 8, Kronburg-Illerbeuern, Tel. 0 83 94/14 55) wurde bereits im Jahre 1955 gegründet und war damit das erste im gesamten süddeutschen Raum. In über 20 Bauernhöfen - die aus der näheren Umgebung stammen – können wir das Leben und Arbeiten einer vergangenen Epoche betrachten. Thematische Ausstellungen zu den verschiedenen Handwerksberufen – wie Schmied, Korbflechter, Schuster, Bürstenmacher – sind in den Häusern untergebracht. An den alljährlich stattfindenden Handwerkertagen gibt es dazu Vorführungen. Auf einem Erweiterungsgelände werden auch vom Aussterben bedrohte Haustierrassen gehalten. Äcker und Bauerngärten wurden angelegt und Obstbäume angepflanzt. Dazu gibt es wechselnde Sonderausstellungen.

Nicht nur das Wandern macht den Kleinen Spaß.

Eistobel Maierhöfen

Das Schmelzwasser des Rheingletschers hat nach der letzten Eiszeit den Höhenzug Iberg–Kapf durchschnitten und nach der jahrtausendelangen Erosionsarbeit der Oberen Argen wurde der Eistobel bei

Maierhöfen geschaffen. Er gilt mittlerweile als das größte Naturschauspiel im Westallgäu und ist dementsprechend stark besucht. Wilde Wasserfälle und mächtige Felsen wechseln mit Sandbänken ab. Die Argentobelbrücke überspannt mit einer Länge von 400 Metern und einer Höhe von 54 Metern die Schlucht. Zufahrt über die Straßenverbindung Isny–Oberstaufen. Großer Parkplatz bei der Argentobelbrücke. Der Zugang zur Schlucht ist gebührenpflichtig (von Mai bis Oktober). Gehzeit für Hin- und Rückweg: 1.30 Std.

Das Allgäu ist das Käseland schlechthin. Besonders der Emmentaler mit seinen vielen Löchern und seinem milden Geschmack hat es Kindern angetan. Die Käselaibe werden bis zu einer Größe von Wagenrädern hergestellt.

Familienwanderweg

Ein Familienwanderweg verbindet Vorderhindelang mit Hinterstein. Der 13 Kilometer lange Weg, der teilweise an der Ostrach entlangläuft, weist acht Spielstationen auf. Der schattige Weg ist auch für Kinderwagen gut geeignet. Mehrere Einstiegsmöglichkeiten entlang der Route.

Heimathaus Pfronten

Ein Besuch des Heimathauses in Pfronten-Berg (Kirchsteige 1; Tel. 0 83 63/69 80) lohnt sich allemal. Die Verarbeitung von Holz und Flachs war früher ein wichtiger Erwerbszweig der Pfrontener. Im Museum finden wir allerlei Gerät dazu sowie Haushaltsgeräte und Wohnungseinrichtungen aus vergangenen Zeiten. Öffnungszeiten: Montag 15–17 Uhr, Donnerstag 17–19 Uhr.

Der Fronleichnamsumzug führt auch im Allgäu in die frühlingshafte Flur.

Alpe Kematsried

Von Oberjoch können wir in wenigen Minuten die Alpe Kematsried besuchen. Dort wird in der Sennerei Käse hergestellt (von Mitte Mai bis Mitte September); durch eine Panoramascheibe dürfen wir einen Blick auf die Kessel werfen. Ältere Kinder können dort

sogar ein Käseseminar besuchen. Angeschlossen sind ein Gasthaus und ein hauseigener Laden. Nebenan gibt es noch den Haflingerhof, wo wir den Tieren auf der Weide oder vielleicht auch im Stall einen Besuch abstatten können. Telefon: 0 83 24/76 98.

Das Allgäuer Voralpenland kann mit einer bilderbuchgleichen Kulisse aufwarten – wie hier bei Füssen.

Kutschenmuseum

In Hinterstein gibt es ein ungewöhnliches Museum. In einer umgebauten Scheune wurde ein Kutschenmuseum eingerichtet (Haidachringweg 1, Tel. 0 83 21/96 07), das in liebevoll mit Schaufensterpuppen arrangierten Szenen Hochzeitskutschen, aber auch gewöhnliche, teils jahrhundertealte Kutschen, Schlitten und sonstige Gefährte zeigt. Öffnungszeiten: 8–20 Uhr; Eintritt frei.

Lachwanderweg

In Kranzegg finden wir einen Wanderweg der ulkigen Art. Auf der 3,2 Kilometer langen Strecke, die in der Ortsmitte beginnt, treffen wir auf einer romantischen Wegstrecke mit Wasserfällen, Steiganlagen und schönen Aussichtspunkten auf 37 Tafeln mit Witzen oder lustigen Sprüchen. Der Wanderparkplatz dazu befindet sich am Ortsausgang in Richtung Rettenberg. Gehzeit: 1.30 Std., Markierung: »gelber Pfeil«. Einkehrmöglichkeit im Berggasthof Kranzegg. Die Strecke ist für Kinderwagen nicht geeignet.

Unser Tipp

Erdverwerfungen, Magnetfelder und unterirische Wasserläufe können auf die Menschen einen schädlichen Einfluss ausüben. Wer herausfinden will, ob er auch zu den »fühligen« Menschen gehört, die mit der Wünschelrute Wasser aufzuspüren vermögen, kann dies in Buchenberg herausfinden. Dort gibt es einen »Wasserschmeckerweg«, auf dem sich jeder selbst testen kann. Wünschelruten werden bei der Tourist-Info Buchenberg ausgegeben, auch werden professionelle Touren angeboten. Tel. 0 83 78/92 02.

Modelleisenbahnschau

Eine Ausstellung der besonderen Art, die Jung und Alt gleichermaßen begeistert, ist die Modelleisenbahnschau MO-Lok in Sonthofen. Die aufgebauten Bahnen erreichen dabei eine Schienenlänge bis zu 500 Metern, wobei diese über mehrere Etagen aufgebaut sind. Öffnungszeiten: Montag bis Freitag von 10–14 Uhr, am Sonntag von 10–17 Uhr geöffnet, am Samstag Ruhetag, in den bayerischen Ferienzeiten täglich von 10–17 Uhr. Tel. 0 83 21/2 21 80.

Blick über Schloss Neuschwanstein und den Alpsee auf die Tannheimer Berge. Rechts erkennen wir Schloss Hohenschwangau.

Schwaltenweiher

Nur wenige Kilometer von Seeg entfernt befindet sich der reizvolle Schwaltenweiher mit Badeanstalt, Liegewiese (auch mit viel Schatten) und Einkehrmöglichkeit. Außerdem gibt es einen Ruder- und Tretbootverleih.

Sommerrodelbahn am Hündle

An der Straße von Immenstadt nach Oberstaufen (B 308, Deutsche Alpenstraße) befindet sich die Hündlebahn (Doppelsesselbahn). Dort gibt es eine neue, 850 Meter lange Sommerrodelbahn (sie ist nur bei trockener Witterung in Betrieb). An der Talstation erwartet uns zudem ein großer Kinderspielplatz. Tel. 0 83 86/ 27 20.

Viehscheid

Eine touristische Hauptattraktion, aber auch eine alte dörfliche Tradition ist der alljährlich im Herbst stattfindende Viehscheid. An mehreren Terminen (natürlich auch abhängig vom Wetter) zwischen dem 10. und dem 25. September werden von den Hochalpen über 30 000 Stück Vieh zu Tal

getrieben. Dabei werden die Tiere – nach glücklich verlaufender Weidezeit – aufwändig geschmückt. Der Begriff »Viehscheid« bezieht sich auf die Tatsache, dass viele Bauern ihr Vieh den Sommer über gemeinsam auf die Bergweide treiben. Die Tiere werden dann am Scheidplatz wieder an ihre Besitzer übergeben.
Besonders aufwändige Alpabtriebe finden in Nesselwang, in Hindelang, in Burgberg, in Immenstadt, im Gunzesrieder Tal, in Obermaiselstein, in Oberstdorf, in Rettenberg, in Wetnau, in Wertach und in Bad Oberstaufen statt. Zur Viehscheid spielen Musikkapellen auf, am Scheidplatz wird oft auch ein Festzelt aufgebaut und Bauern, Helfer und Zuschauer setzen sich in bester Stimmung zusammen.

Walsermuseum

In Riezler und in Mittelberg gibt es natürlich auch ein paar Freibad bzw. jeweils ein Hallenbad. Falls die Temperaturen aber nicht danach sind, besuchen wir am besten das Walsermuseum in Riezlern (Walserstraße 54), das uns eine gute Einführung in die Kultur der Walser, deren Siedlungsspuren sich bis in die norditalienischen Täler verfolgen lassen. Öffnungszeiten: täglich von 14–17 Uhr, außer Sonn- und österreichische Feiertage. Tel. 00 43/55 17/53 15 34.

Ofterschwang ist eines der so genannten Hörnerdörfer, das auf einer Moränenterrasse über dem Illertal liegt.

Unser Tipp Das jahrtausendealte Alphorn findet auch heute noch reges Interesse. In Burgberg findet alljährlich im August das Alphorntreffen statt, es zählt zu den größten und schönsten Hirtenveranstaltungen ganz Europas. Weitere Veranstaltungen gibt es den Sommer über am Fellhorn (»Berglar-Kirbe« im Juli und Älplerherbst im September), am Strausbergsattel am Imberg (Bergmesse im August) und im Kleinwalsertal (z.B. im September an der Kanzelwandbahn).

Impressum

Unser Gesamtverzeichnis finden Sie unter www.j-berg-verlag.de

Lektorat: Dr. Harald Kämmerer
Umschlag und Herstellung: Thomas Fischer
DTP: Werner Poll, Putzbrunn
Kartografie: Achim Norweg, München
Repro: Scanner Service S.r.l.

Haftung

Alle Angaben dieses Werkes wurden vom Autor sorgfältig recherchiert und auf den aktuellen Stand gebracht sowie vom Verlag geprüft. Für die Richtigkeit der Angaben kann jedoch keine Haftung übernommen werden. Für Hinweise und Anregungen sind wir jederzeit dankbar.
Bitte richten Sie diese an:

J. Berg Verlag
Produktmanagement
Postfach 800240
D-81673 München
E-Mail: lektorat@j-berg-verlag.de

Bildnachweis

Titelbild: Einkehr in der Sölleralpe (Tour 22); im Hintergrund der Allgäuer Hauptkamm.
Umschlagrückseite: Spielplatz am Ortsrand von Ofterschwang (Tour 27).

W. Bahnmüller: S. 42, 81; H. Baugegger: Titel, S. 2, 3 (2), 4 unten, 5 oben, 7 oben, 9 , 10/11, 14 links, 15, 17 (2), 19, 20, 21, 22/23, 25 (2), 27, 29, 31 (2), 33, 36, 42, 45 unten, 51, 53 (2), 55 (2), 63 unten, 64, 65, 68 (2), 69, 70, 71, 73 (2), 74, 75, 76, 77, 78 (2), 79, 80, 89 unten, 91, 93, Umschlagrückseite; D. Fuchs: S. 4 oben, 5 unten, 8 oben, 47 (2); J. Immler: S. 34/35, 39, 41, 45 oben, 49 unten; G. Jung: S. 6 (2), 7 unten, 8 unten, 40, 43, 49 oben, 57, 58, 59, 88, 89 oben, 90 (2), 92; W. Rauschel: S. 13, 14 rechts, 28, 37, 61, 63 oben, 67, 82, 83, 85 (2), 86/87.

Die Deutsche Bibliothek – CIP Einheitsaufnahme. Ein Titelsatz für diese Publikation ist bei der Deutschen Bibliothek erhältlich.

Printed in Italy by Printer Trento S.r.l.

ISBN 3-7658-4096-3